应用型法律人才培养系列教材

SIFA KUAIJI

SJIANMING JIAOCHENG

司法会计简明教程

主　编　白岱恩　于　朝

撰稿人　（以撰写章节先后为序）

于　朝　张　倩　油永华

韩　飞　周　晨

中国政法大学出版社

2017·北京

图书在版编目（CIP）数据

司法会计简明教程 /白岱恩，于朝主编.—北京：中国政法大学出版社， 2017.1
ISBN 978-7-5620-7299-7

Ⅰ．①司…　Ⅱ．①白…②于…　Ⅲ．①司法会计学—教材　Ⅳ．①D918.95

中国版本图书馆CIP数据核字(2017)第002660号

出　版　者　中国政法大学出版社

地　　　址　北京市海淀区西土城路 25 号

邮　　　箱　fadapress@163.com

网　　　址　http://www.cuplpress.com（网络实名：中国政法大学出版社）

电　　　话　010-58908435(第一编辑部) 58908334(邮购部)

承　　　印　固安华明印业有限公司

开　　　本　720mm×960mm　1/16

印　　　张　12.75

字　　　数　236 千字

版　　　次　2017 年 1 月第 1 版

印　　　次　2017 年 1 月第 1 次印刷

印　　　数　1～4000 册

定　　　价　36.00 元

序

党的十八大以来，以习近平同志为总书记的党中央从坚持和发展中国特色社会主义全局出发，提出了全面建成小康社会、全面深化改革、全面依法治国、全面从严治党的"四个全面"战略布局。全面依法治国是实现战略目标的基本方式、可靠保障。法治体系和法治国家建设，同样必须要有法治人才作保障。毫无疑问，这一目标的实现对于法治人才的培养提出了更高的要求。长期以来，中国高等法学教育存在着"培养模式相对单一""学生实践能力不强""应用型、复合型法律职业人才培养不足"等诸问题，法学教育与法律职业化的衔接存在裂隙。如何培养符合社会需求的法学专业毕业生，如何实现法治人才培养与现实需求的充分对接，已经成为高等院校法律专业面临的重要课题。

法学教育是法律职业化的基础教育平台，只有树立起应用型法学教育理念才能培养出应用型卓越法律人才。应用型法学教育应是"厚基础、宽口径的通识教育"和"与社会需求对接的高层次的法律职业教育"的统一，也是未来法学教育发展的主要方向。具体而言，要坚持育人为本、德育为先、能力为重、全面发展的人才培养理念，形成培养目标、培养模式和培养过程三位一体的应用型法律人才培养思路。应用型法律人才培养的基本目标应当是具备扎实的法学理论功底、丰厚的人文知识底蕴、独特的法律专业思维和法治精神、严密的逻辑分析能力和语言表达能力、崇高的法律职业伦理精神品质。

实现应用型法律人才培养，必须针对法律人才培养的理念、模式、过程、课程、教材、教法等方面进行全方位的改革。其中教材改革是诸多改革要素中的一个重要方面。高水平的适应应用型法律人才培养需求的法学教材，特别是"理论与实际紧密结合，科学性、权威性强的案例教材"，是法学教师与法科学生的知识纽带，是法学专业知识和法律技能的载体，是培养合格的应用型法律人才的重要支撑。

本系列应用型法律人才培养教材以法治人才培养机制创新为愿景，以合格应用型法律人才培养为基本目标，以传授和掌握法律职业伦理、法律专业知识、法律实务技能和运用法律解决实际问题能力为基本要求。在教材选题上，以应用型法律人才培养课程体系为依托，关注了法律职业的社会需求；在教材主（参）编人员结构上，体现了高等法律院校与法律实务部门的合作；在教材内容编排上，设置了章节重难点介绍、基本案例、基本法律文件、基础法律知识、分析评论性思考题、拓展案例、拓展性阅读文献等。

希冀本系列应用型法律人才培养教材的出版，能对培养、造就熟悉和坚持中国特色社会主义法治体系的法治人才及后备力量起到绵薄推动作用。

是为序。

李玉福
2015 年 9 月 3 日

前　言

　　我国司法会计活动有着悠久的历史，但理论研究开展较晚。政法院校开设司法会计课程虽已六十多年，但起初采用的是苏联教材——《会计核算与司法会计鉴定》。20世纪80年代开始，我国司法会计理论研究正式起步，至今已经创立了由基本理论和实务操作理论构成的司法会计学科理论体系。这一理论体系主要包括以下内容：

　　司法会计基本理论，包括财务会计事实、财务会计错误、财务会计资料证据以及司法会计的基本概念、学科体系构成、科学依据、主体机制、假定前提、标准化、风险控制等主要内容，构成司法会计学科基本理论体系。

　　司法会计检查理论，包括会计检查方法的运用、司法会计检查的程序、各类具体案件的司法会计对策等主要内容，构成司法会计检查理论体系。

　　司法会计鉴定理论，包括司法会计鉴定的具体对象范围、鉴定主体、鉴定证据、鉴定启动程序、鉴定实施程序、鉴定意见以及各类具体问题的鉴定规程等主要内容，构成司法会计鉴定理论体系。

　　司法会计师执业理论，包括提供咨询、协助检查、专项检验、财务指标测算、文证审查等诉讼支持理论以及司法会计文书制作、非诉讼业务理论等主要内容，构成司法会计师执业理论体系。

　　随着社会经济体制改革的发展，诉讼中涉及财务会计事实的案件成倍增长，司法会计已逐步成为法律诉讼中不可缺少的诉讼措施和诉讼活动，这在刑事、民事及行政经济案件的诉讼中表现得尤为突出。为了适应这一变化和发展，政法院校教学中逐步重视司法会计课程（有的学校还设置司法会计本科方向），目前已有近百所法学院系先后开设了此课程。为适应法科专业开设司法会计课程之亟需，山东政法学院司法会计研究所组织专家、学者编写了这本《司法会计简明教程》。本教材主要适用于普通高校法科专业阶段的教学之需，以及研究生的选学，也可作为经济司法警察、检察官、法官、律师、注册会计师等相关从业人员的培训用书。

　　本教材共六章。前三章以介绍司法会计基本理论为主，后三章则按照主要司法会计活动的类型，分别介绍司法会计检查、司法会计鉴定、司法会计文证审查的主要操作方法、程序和要求。其中，基于法科学生在学习、理解司法会计理论与操作时需要补充财务与会计常识的考虑，特别增加了第二章"司法会计科学基础"。

各章主要内容及教学运用的要点如下：

第一章，主要介绍了司法会计的相关概念，司法会计活动的主体及机制，概要介绍了司法会计师的执业活动和司法会计学科理论内容。本章教学的重点和目的，是使学生能够总体把握司法会计的概念体系，分清司法会计活动与司法会计师执业活动，能够在未来司法实践中明确区分司法会计活动与审计活动。

第二章，主要介绍了财务与会计的基本概念及关系，会计核算原理与核算程序，司法会计活动的科学依据。本章教学的重点和目的，是使学生了解财务、会计的基本原理，能够在概念上明晰财务与会计的不同与关联，为其学习有关财务会计事实及证明理论、操作理论打下基础。

第三章，主要介绍了财务事实与会计事实的查证内容，区分财务事实与会计事实的诉讼意义及应用，财务会计错误事实的三要素，财务会计资料证据的构成、识别与证明力。本章教学的重点和目的，是使学生在未来司法实践中能够分清诉讼涉及的财务事实和会计事实，明确财务资料和会计资料的不同证明功能与证明范围，能够利用财务会计错误三要素理念正确分析诉讼涉及的特定事实。

第四章，主要介绍了查账的技术方法，诉讼中查证取证的基本程序以及常见的其他查账取证的程序。本章教学的重点和目的，是使学生掌握基本的查账程序和方法，能够在线索明确的情况下独立实施查账取证，同时掌握组织各种特定情形下查账取证的操作要点。

第五章，主要介绍了司法会计鉴定的目的与鉴定事项，司法会计鉴定的标准，司法会计鉴定的证据，司法会计鉴定的组织，司法会计鉴定的方法与程序，司法会计鉴定结果和司法会计文书。本章教学的重点和目的，是使学生在未来司法实践中，能够独立启动并组织专家实施司法会计鉴定，监督司法会计鉴定过程，并掌握不同鉴定结果及其处理方法。

第六章，主要介绍了司法会计文证审查的对象，司法会计文证审查的程序、结论性证据与非结论性证据的审查要点。本章教学的重点和目的，是使学生能够掌握涉及财务会计业务证据的一般审查要点，并能够组织专家对此类证据进行技术性审查。

本书由山东政法学院司法会计学研究所所长白岱恩教授负责统稿。依撰写章节先后顺序，作者分工如下：

于　朝：第一章；

张　倩：第二章；

油永华：第三章、第四章；

韩　飞：第五章；

周　晨：第六章。

本书的出版得到了山东政法学院领导的关注和支持，特此感谢。

于　朝

全国检察机关司法会计专业指导小组组长

2016 年 7 月 30 日于济南

目录 CONTENTS

第一章　司法会计概论

> **本章教学目标：**
>
> 　　本章教学的重点和目的，是使学生能够总体把握司法会计的概念体系，分清司法会计活动与司法会计师执业活动，能够在未来司法实践中明确区分司法会计活动与审计活动。

 第一节　司法会计活动的概念与类型

一、司法会计活动的概念

（一）司法会计的词义

在法律诉讼中，查明案件事实是适用法律处理案件的前提。为了查明案件事实，诉讼法律分别规定了各种调查措施，如讯问犯罪嫌疑人、询问证人、勘验、检查、搜查、查询犯罪嫌疑人存款（或汇款、债券、股票、基金份额等）、辨认、鉴定等刑事调查措施[1]；询问当事人和证人、鉴定、勘验以及由法院直接收集案件审理需要的证据等民事和行政诉讼调查措施。通过诉讼调查措施所获取的证据，还需要经过审查属实才能作为定案的依据。这些诉讼调查措施、证据审查活动构成了诉讼活动的具体内容，即每一种诉讼措施的运用都构成一项具体的诉讼活动，如：询问证人构成一种具体的诉讼活动，鉴定也构成一种具体的诉讼活动。

参考案例 1－1

张小凡大学毕业后应聘到某出版社工作，从事图书销售业务。出版社实行基本工资加销售毛利提成的薪酬制度。张小凡的销售业绩非常出色，按照出版社制定的薪酬制度，其当年应当获取 24 万元的提成，而其他销售人员的提成一般在 5 万元左右。为了平衡销售人员之间的收入，出版社提出给张小凡 8 万元提成。经

---

〔1〕　刑事调查措施，也称侦查措施，特指限制人身自由外的刑事强制措施。

多次协商不成，张小凡提起诉讼，请求法院判令出版社支付 24 万元提成，并提交了出版社薪酬制度、自己的销售记录等资料。法院受理后认为，张小凡主张提成 24 万元，应当有出版社销售资料以及证明销售毛利的证据。张小凡根据民事诉讼法的规定，申请法院对出版社的财务会计资料进行会计检查，以提取销售资料（财务会计资料证据[1]），同时申请法院对销售毛利、提成金额进行会计鉴定。法官接受了张小凡的申请，依法对出版社当年的财务会计资料进行了检查，并扣押了这些资料，以便进行会计鉴定时使用。法院委托某会计师事务所的注册会计师，就张小凡一年的销售资料进行检验，注册会计师通过检验后形成《司法会计检验报告》，证实张小凡经手销售图书金额为 800 万元；同时，法院委托注册会计师就张小凡经手销售图书的毛利额以及按照出版社的薪酬制度应当获得的提成数额问题进行了鉴定。注册会计师鉴定后出具了《司法会计鉴定书》，确认张小凡经手销售图书的毛利为 245 万元，按照出版社的规定应当获得销售提成 24.5 万元。经过法院调解，出版社同意支付给张小凡提成 20 万元，同时支付鉴定费 8 万元。

　　参考案例 1-1 表明，如果案件诉讼需要查明相关财务会计事实，那么就可能需要采用一些特定的诉讼措施，实施一些特定的诉讼活动，如勘验、检查财产物资、财务会计资料，鉴定案件涉及的财务会计问题，审查案件获取的财务会计资料资料证据等。这些特定的诉讼措施的运用有一个统一的称谓，即司法会计活动。

　　司法会计活动是"司法会计"的基本词义，它由"司法"和"会计"构成，其中："司法"是指诉讼，它界定了司法会计的社会属性——一种法律诉讼活动，使司法会计活动能够与会计、审计等经济管理活动相区别；"会计"则指会计检查、会计检验、会计鉴定、会计文证审查等财务、会计技能的应用，它界定了司法会计活动的内容与财务、会计技能的运用有关，使司法会计能够与讯问、询问、搜查等其他法律诉讼活动相区别。需要指出的是，会计检查、会计检验、会计鉴定、会计证据审查等技能的应用源于会计财务会计活动，后来又引入到审计活动和诉讼活动中，形成了审计活动、司法会计活动的内容。由于诉讼场合运用财务技能和会计技能的目的、方式、方法、程序、结果等方面与会计、审计活动都存在明显的差异，因而需要专门进行研究并制定规范。为了便于区分，人们将在诉讼活动中出现的这些对财务会计技能应用的活动冠以"司法"二字，进

---

　　[1] 本书中，将通过司法会计活动收集到的用于证明案件事实的财务资料和会计资料，统称为财务会计资料证据；把案件涉及的财务事实和会计事实，统称为财务会计事实。

而形成了司法会计检查、司法会计检验、司法会计鉴定等表述，并统称为"司法会计"。

上述关于司法会计词义的阐释，旨在说明：①司法会计活动不是"会计活动"，而是诉讼活动，这是研习司法会计理论和实务必须搞清楚的一个基础常识；②司法会计活动并不包揽全部诉讼技能的应用，其主要运用财务、会计技能。

（二）司法会计的概念

司法会计，是指在财务会计业务案件的调查、审理中，为了查明案情，对案件所涉及的财务会计资料（及相关财务数量）进行检查（勘验）、检验，或对案件所涉及的财务会计问题进行鉴定，对涉及财务会计业务的证据进行审查的一类法律诉讼活动。

这一定义反映了司法会计的属性、产生原因以及主要内容，是判断一项社会活动是否属于司法会计活动的基本标准。

1. 司法会计活动是一类法律诉讼活动，这是司法会计活动基本社会属性。这一特征界定了司法会计活动的范围，即在法律诉讼过程中出现的会计检查、会计检验、会计鉴定、会计文证审查等活动，都属于司法会计活动。广义上的诉讼活动起始于立案，终止于判决执行完毕，那么，司法会计活动也就只能发生于这个过程中。这里有两点需要提示：一是只要在法律诉讼过程中出现的这类活动，都属于司法会计活动——无论这种活动由谁来具体实施；二是发生在诉讼外的类似活动都不属于司法会计活动——即使这种活动是由司法会计师所实施的，也不属于司法会计活动。

2. 司法会计活动存在于涉及财务会计业务案件的调查、审理中，其目的是查明案情。这里所谓"涉及财务会计业务案件"，既指案件事实本身包含着财务会计行为或内容的诉讼案件，也指案件事实本身虽不包含财务会计业务，但诉讼中需要查明相关财务会计事实的诉讼案件。

之所以在司法会计概念中特别表明司法会计活动存在于涉及财务会计业务案件的调查、审理中，意在强调：①只有案件涉及对相关财务会计事实的调查和审理，才会出现司法会计活动；②无论案件事实本身是否涉及财务会计业务，只要调查和审理这一案件需要查明相应的财务会计业务，就可能涉及司法会计活动。这种调查和审理涉及财务会计业务案件的特定诉讼需求，既是司法会计活动产生的根本原因，也是司法会计活动赖以存在和发展的客观基础。

3. 司法会计活动的内容包括对案件所涉及的财务会计资料（及相关财务数量）进行检查（勘验）、检验，或对案件所涉及的财务会计问题进行鉴定，对涉及财务会计业务的证据进行审查。这一特征将司法会计活动的内容分为司法会计检查、司法会计检验、司法会计鉴定、司法会计文证审查等具体类型，明确了不同类型司法会计活动的对象。其中：司法会计检查的对象是涉案财务会计资料及相关财物，如财务收支资料（财务凭证）、会计核算资料（记账凭证、账簿、会计报表）以及相关的库存现金或存货[1]等；司法会计鉴定的对象是诉讼所涉及的财务会计问题，如财务指标数额问题（财务问题）、会计核算正确性问题（会计问题）等。

　　这一特征也将司法会计与其他诉讼活动区别开来。在诉讼中，为了查明案件所涉及的财务会计事实，不仅需要进行司法会计活动，还需要进行如讯问刑事被告人、询问当事人等其他诉讼活动——但这些诉讼活动因其不具备司法会计活动的这一特征而不能称之为司法会计活动。

　　二、司法会计活动的类型

　　（一）司法会计检查

　　司法会计检查，是指在诉讼中，为了查明案情，对案件涉及的财务会计资料及相关财物进行检查的活动。

　　通俗地讲，司法会计检查就是指诉讼中所进行的查账、查物活动，属于司法检查活动的一种。司法检查活动的法律依据主要有：

　　1.《刑事诉讼法》第 126 条规定："侦查人员对于与犯罪有关的场所、物品、人身、尸体应当进行勘验或者检查。在必要的时候，可以指派或者聘请具有专门知识的人，在侦查人员的主持下进行勘验、检查。"第 132 条规定："人民检察院审查案件的时候，对公安机关的勘验、检查，认为需要复验、复查时，可以要求公安机关复验、复查，并且可以派检察人员参加。"第 191 条第 2 款规定："人民法院调查核实证据，可以进行勘验、检查、查封、扣押、鉴定和查询、冻结。"

　　2. 民事、行政诉讼法律中均规定了人民法院有权向有关单位和个人调取证据，这里调取证据的途径包括查账、查物。

　　参考案例 1 - 2

　　甲公司的采购员黄某接受乙公司的贿赂，从乙公司购进了大量的不合格产品，产品入库后造成滞销，甲公司损失惨重。侦查机关接到甲公司报案后，采用各种侦查措施以查明上述事实，其中包括查账、查物：

　　（1）检查乙公司的财务会计资料，收集其购进或生产不合格产品的发票、

---

　　〔1〕存货，是指企业在日常活动中持有以备出售的产成品或商品、处在生产过程中的在产品、在生产过程或提供劳务过程中耗用的材料和物料等——摘自《企业会计准则第 1 号——存货》。

质检单、入库单等财务资料，用于证明乙公司确有不合格产品可供销售的财务事实；收集其出售不合格产品的发票、出库单、运输凭证等财务资料，用于证明其出售给甲公司不合格产品的种类、时间、数量等财务事实；收集其核销行贿费用的付款凭证，用于证明其贿赂黄某的时间、数额、方式、次数等财务事实；收集其收取销售款的银行票据、收据等，用于证明其收取甲公司支付不合格产品货款的时间、金额、方式、次数等财务事实；收集其处理上述账项的记账凭证及相关账页，在间接证明上述财务事实的同时，用于证明其账务处理内容及结果的会计事实。

（2）检查甲公司的财务会计资料，收集其采购发票、入库单等财务资料，用于证明甲公司从乙公司处购进不合格产品的种类、数量、时间等财务事实；收集其支付购货款的银行票据、收据等，用于证明其支付乙公司货款的时间、金额、结算方式等财务事实；收集其处理上述账项的记账凭证及相关账页，除可用于间接证明购货、付款以及不合格产品未能被出售的数量、金额等财务事实外，还用于证明其账务处理内容及结果的会计事实。

（3）检查黄某的银行存款资料，收集该账户存入款项的凭证，用于间接证明其收取贿赂款项的时间、金额等财务事实；收集该账户支付款项的凭证，用于证明（或间接证明）其赃款用途的财务事实；收集该账户银行分户账页，既可用于间接证明其收取、使用赃款的时间、金额等财务事实，也可用于证明银行处理这些业务的会计事实。

（4）制作《勘验、检查笔录》，即侦查人员在检查乙公司、甲公司、黄某的账目并获取财务会计资料证据后，应当制作《勘验、检查笔录》，列明检查的时间、地点、参加检查的人员以及调取的具体证据的名称、数量等，以固定司法会计检查的过程和结果。

（5）检查甲公司从乙公司处购进不合格产品的库存情况。侦查人员应到甲公司仓库进行实际检查，并依法制作《勘验、检查笔录》，详细列明检查的时间、地点、参加人员以及库存涉案不合格产品的种类和数量。这种《勘验、检查笔录》既可用于证明涉案不合格产品的实际存在情况，还为证明因贿赂造成甲公司经济损失提供了证据。

参考案例1－2中，为了查明黄某受贿案情而实施的司法会计检查内容主要包括查账、查物，其任务是寻找、发现、收集和固定涉案财务会计资料和财产状况方面的诉讼证据，其诉讼结果则会形成财务会计资料证据和勘验、检查笔录。

司法会计检查，既是司法会计活动的一项基本内容，也是诉讼中出现最多的一种司法会计活动。由于案件可能涉及一项或多项财务会计业务，每项财务会计业务又可能涉及一项或多项资金流转过程，某一资金的流转过程还可能涉及许多资金流转环节，所以，在某一具体的涉及财务会计业务案件的诉讼中，司法会计检查通常不是只进行一次，而可能是多次实施，这主要由案件涉及的财务会计业务的复杂性所决定。

（二）司法会计鉴定

司法会计鉴定，是指在诉讼中，为了查明案情，指派或聘请具有司法会计专门知识的人员，对案件中需要解决的财务会计问题进行鉴别判定的活动。

司法会计鉴定与人们比较熟悉和常见法医学鉴定雷同，都属于司法鉴定活动。各种不同的司法鉴定活动能够解决的专门性问题的类型不同，例如：法医学鉴定主要解决诉讼涉及的生命及损伤等医学问题，司法笔迹鉴定主要解决诉讼涉及的书写习惯的同一性认定问题，而司法会计鉴定则主要解决诉讼涉及的财务问题或会计问题（统称财务会计问题）。司法鉴定的诉讼法律依据主要有：

1. 《刑事诉讼法》第 144 条规定："为了查明案情，需要解决案件中某些专门性问题的时候，应当指派、聘请有专门知识的人进行鉴定。"第 146 条规定："侦查机关应当将用作证据的鉴定意见告知犯罪嫌疑人、被害人。如果犯罪嫌疑人、被害人提出申请，可以补充鉴定或者重新鉴定。"第 191 条第 2 款规定："人民法院调查核实证据，可以进行勘验、检查、查封、扣押、鉴定和查询、冻结。"

2. 《民事诉讼法》第 76 条规定："当事人可以就查明事实的专门性问题向人民法院申请鉴定。当事人申请鉴定的，由双方当事人协商确定具备资格的鉴定人；协商不成的，由人民法院指定。当事人未申请鉴定，人民法院对专门性问题认为需要鉴定的，应当委托具备资格的鉴定人进行鉴定。"第 139 条第 3 款规定："当事人要求重新进行调查、鉴定或者勘验的，是否准许，由人民法院决定。"

3. 《行政诉讼法》第 33 条第 1 款规定："证据包括：①书证；②物证；③视听资料；④电子数据；⑤证人证言；⑥当事人的陈述；⑦鉴定意见；⑧勘验笔录、现场笔录。"

通过司法会计鉴定，可以解决案件涉及的财务会计问题，从而获取司法会计鉴定意见作为诉讼证据，以达到查明财务会计事实的目的。在参考案例 1 - 2 中，甲公司因大量积压不合格产品产生经济损失，这一损失价值还可能影响到对黄某的量刑，因而需要查明。假定甲公司购进的不合格产品已无销售价值，那么这些产品的采购成本以及库存成本就成为经济损失价值。法庭在确认该案的经济损失时就需要通过司法会计鉴定，以解决甲公司从乙公司处购进的不合格产品的采购成本、库存成本等财务问题。司法会计鉴定人进行鉴定后，应当出具鉴定意见，分别证明这些产品的采购成本、库存成本的金额。

司法会计鉴定在同一案件中出现的次数会大大少于司法会计检查的次数。如果诉讼仅涉及一项财务会计问题，则需要进行一项司法会计鉴定；如果诉讼涉及多个财务会计问题，则需要进行多项司法会计鉴定。参考案例1－2就涉及两个财务问题，因而需要进行两项司法会计鉴定。

　　（三）司法会计检验

　　司法会计检验，泛指司法会计师对案件所涉及的财务会计资料及相关证据进行检查、验证的技术活动。

　　司法会计检验包括两种情形：一是指司法会计检查中，司法会计师接受指派或聘请，参与对案件涉及的财务会计资料及相关证据进行的技术性检查、验证活动，它与一般意义上的司法会计检查不同之处在于，它必须是由司法会计师等专家实施的且增加了验证过程；二是指司法会计鉴定中，司法会计鉴定人为了获取解决财务会计问题的必要信息，对案件涉及的财务会计资料及相关证据进行的技术检查、验证活动，与完整的司法会计鉴定活动不同，其不包含对财务会计问题的鉴别、判断活动。

　　司法会计检验存在于司法会计检查或司法会计鉴定中，其法律依据也就不言自明，与检查、鉴定所不同的是，法律并没有专门规定"检验"，但在人们对相关法律的解释中可以看出法律的相关含义。例如：按照《刑事诉讼法》第126条的规定，"在必要的时候，可以指派或者聘请具有专门知识的人，在侦查人员的主持下进行勘验、检查"，如果是司法会计检查，那么就可以聘请、指派具有司法会计专门知识的人（如司法会计师）参与检查。所不同的是，司法会计师在检查中，如果采用的一些验证技能实施检查、验证活动，则可以被称之为司法会计检验，并可以将检验结果以《司法会计检验报告》的形式提交给侦查人员，作为案件的辅助证据。又如：司法鉴定的法律中没有规定检验，但任何鉴定人在解决专门性问题时，都需要通过对鉴定材料的技术检验获取必要的信息，从而通过鉴别、判断对专门性问题作出鉴定意见。

　　在参考案例1－2中，假定甲公司多次向乙公司支付了货款，且方式、方法比较复杂，侦查机关可能就会指派或聘请司法会计师参与进行技术性检查、验证。司法会计师通过检查、验证甲公司支付乙公司货款的财务会计资料及相关证据，查明货款的结算方式、结算总额等财务事实，并出具《司法会计检验报告》，证明甲公司支付乙公司货款的方式、方法和总金额。同时，在这一案件中，利用司法会计鉴定解决甲公司购进不合格的采购成本、库存成本等财务问题时，司法会计鉴定人则需要通过检验甲公司、乙公司等与该项鉴定有关的采购资料、货款结算资料等，获取计算采购成本、库存成本的信息，才能得出相应的鉴定意见。

在法律诉讼中，司法会计师等专家提供《司法会计检验报告》主要有两种情形：一是司法会计师等专家接受指派或聘请，在具体案件的司法会计检查活动中单独实施了司法会计检验活动，从而出具《司法会计检验报告》；二是诉讼主体需要司法会计鉴定人单独报告其所实施的检验活动的某项结果，例如单独报告涉案单位对某项经济业务是否进行了账务处理等检验结果。

（四）司法会计文证审查

司法会计文证审查，是指为了判明涉及财务会计业务内容的文书证据能否作为定案的根据，运用证据审查的原理与方法，对文书证据进行审查、评断的活动。

相比其他司法会计活动，司法会计文证审查的任务不是为了获取财务会计资料证据、检验报告或鉴定意见等证据，而是为了判明涉及财务会计业务内容的证据能否作为定案的根据。按照诉讼法律规定，法官等诉讼主体在采信证据材料作为定案根据前，都需要进行审查，因而司法会计文证审查活动通常应由法官等诉讼主体完成。但也有特例，即由于财务会计业务内容的某些证据（如财务会计资料证据、司法会计鉴定书等）内容，需要具有司法会计专门知识的人才能看懂，因而法官等诉讼主体可以委托司法会计师等专家对文书证据进行技术性审查、判断活动，这种特例被称之为侠义的司法会计文证审查。

司法会计文证审查的具体任务、内容、方法等会因审查对象的不同而存在差异。从文证审查对象的来源讲，司法会计文证审查的对象既包括通过司法会计活动形成的书证、（勘验）检查笔录、司法会计检验报告和司法会计鉴定书，也包括通过其他途径获取的具有财务会计内容的各种文书证据。从司法会计理论研究及司法实践需要的角度出发，我们将通过各类专业技术活动形成的承载着结论性意见的各种文书证据（如检验报告、鉴定书、审计报告、验资报告等）称之为结论性证据；其他文书证据则均称之为非结论性证据（如财务会计资料证据、口供、证言等）。从操作角度讲，结论性证据的审查主要是判明其科学性和可靠性；而非结论性证据的审查则主要是判明其完整性和关联性。

（五）各类司法会计活动的关联

司法会计活动之间的一般关联，我们通过图1－1予以展示。以下专门就司法会计检查与司法会计鉴定的关系作一阐释，以便于理解司法会计理论体系，也有助于在司法实践中正确区分和采用不同的司法会计措施，查明涉案财务会计事实。

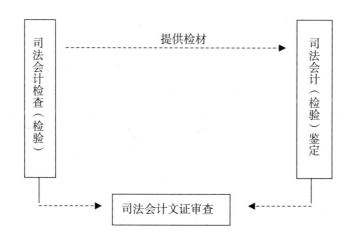

图 1 -1　司法会计活动关联示意图

简单地讲，不同司法会计活动的关联如下：

第一，司法会计检查活动中，可以指派、聘请有司法会计知识的人参与，并通过实施检查、验证活动，提供《司法会计检验报告》。司法会计检查还可以为本案中可能需要进行的司法会计鉴定提供检材等鉴定材料，这些材料可能包括涉案单位、个人的财务会计资料。

第二，司法会计鉴定人在鉴定活动中必须实施司法会计检验，以便获取鉴别、判断涉案财务会计问题所需的信息。同时，如果诉讼主体认为有必要，司法会计鉴定人还可以单独出具《司法会计检验报告》，以证明相关财务会计信息。

第三，通过上述司法会计活动所形成的财务资料证据、检验报告、鉴定书等，都需要通过司法会计文证审查确认其与案件的关联性及其作为定案根据的合法性、客观性、科学性等，从而确定其能否作为本案的定案根据。

三、关于司法会计的称谓及概念的各种认识

（一）不同法系国家对司法会计的称谓及由来

基于不同的诉讼理念和法律制度，大陆法系国家与英美法系国家对"司法会计"有着不同的称谓。

大陆法系国家均称为"司法会计"，这源于大陆法系国家所采用的"职权主义"理念，即诉讼中涉及的各类专业技术活动均由"司法机关"依职权决定，因而在表述诉讼领域的专业技术活动的名词时，通常冠以"司法"二字，如：司法鉴定、司法医学（法医学）、司法会计等。"司法会计"一词直译英文为 Judicial Accounting（"司法的会计"），但英文中的同义词只有 Forensic Accounting

（法庭会计），并不使用 Judicial Accounting 一词。

英美法系国家则均称为"法庭会计（Forensic Accounting）"，这源于英美法国家所采用的"当事人主义"理念，即诉讼中涉及的各类专业技术活动通常由当事人（含警官、检察官）自行决定。根据这一制度，当事人自行收集的专家证言（鉴定意见等）均应当通过法庭辩论，因而在表述类似专业技术活动时会冠以"Forensic"（法庭的、用于法庭辩论的），形成诸如法庭科学、法庭医学、法庭会计等名词。"Forensic Accounting"一词虽然出现了几十年，但由于理论研究滞后，一直未被编入英文词典，"会计师们几乎都不了解舞弊审计和法庭会计这些术语"[1]。

我国法律体系是以大陆法系为基础的，因而学界和司法实践中一直沿用"司法会计"一词，Forensic Accounting 通常会被意译为"司法会计"，很少被直译为"法庭会计"。

（二）我国有关"司法会计"一词的不同称谓及其由来

除司法会计、法庭会计外，由于获取司法会计的信息途径不同以及对这一名词含义的理解不同等原因，我国有关司法会计的称谓还出现了法律会计（法会计）、诉讼会计、司法审计、检察会计、鉴识会计、法务会计等别称。

1. 法律会计（法会计）。法律会计一词出现于 20 世纪 80 年代初期大学的法理学讲义中。[2] 受当时法制环境的影响，有法学家将 Forensic Accounting 意译为"法律会计"，但这一名词并没有流行。后来又有学者主张借鉴"法医"一词的翻译方法，将 Forensic Accounting 简译为"法会计"。

2. 诉讼会计。诉讼会计一词能清晰地表达出司法会计活动的法律属性和范围，20 世纪 80 年代后期被提出，但因司法会计一词在我国大陆已经约定俗成，将其改称"诉讼会计"会导致不必要的麻烦。[3] 但 90 年代后期至今也有学者将 Forensic Accounting 意译为"诉讼会计"。

3. 司法审计（或司法会计审计）。[4] 司法审计一词出现于 20 世纪 90 年代的

---

〔1〕 〔美〕G. 杰克·波罗格纳、〔加〕罗伯特·J. 林德奎斯特：《美加两国查处舞弊技巧与案例》，张玉译，中国审计出版社 1999 年版，第 6 页。

〔2〕 见华东政法学院：《法学原理》，1981 年印行，第 8 页。

〔3〕 见于朝：《司法会计学基础》，1991 年印行，第 5 页。

〔4〕 由于我国曾将"会计检查"与"审计"两词交替使用，因而本书作者在设定"司法会计检查"一词时曾想将"司法会计检查"称为"司法审计"。后来考虑到审计活动含事前、事中和事后三种类型，而司法会计检查均为事后活动，如果使用"司法审计"一词来表达司法会计容易引起误解（学术界确实提出过事前、事中和事后的司法会计活动的理念），随之放弃。

司法实践中。产生这一称谓的主要原因是注册会计师在参与司法鉴定中会按照审计程序行事，导致人们误以为司法会计就是诉讼中进行的审计活动。按照目前的法律规定，注册会计师可以担任司法会计鉴定人，但其在鉴定中应当遵循司法会计鉴定标准进行操作，而不应采用审计标准，否则，其所作出的结论应当被视为审计报告——不应被作为鉴定意见采用。

这里需要特别提示的是："司法审计"一词在大陆法系国家是有特定含义的专属名词，是指具有司法功能的审计活动（如法国审计法院）。"司法审计"的范围与我国的国家审计范围有些类似，只是因其具有司法功能而被称为"司法审计"。

4. 检察会计。检察会计一词最早出现在20世纪80年代末检察机关干训教材的编写计划中。由于当时只有检察机关开展司法会计技术工作，司法会计被误认为检察机关的专有活动。随着司法会计理论研究的迅速发展，该名词在检察机关中亦未流行。90年代后期也有研究者提出将司法会计鉴定分为公安会计鉴定、检察会计鉴定和法院会计鉴定，[1] 但由于缺乏学理支持，未被学界和实务界接受。

5. 鉴识会计。台湾地区的学界和实务界将Forensic Accounting意译为鉴识会计。这一翻译方法与台湾地区对法庭科学专业的称谓有关，即他们习惯于将鉴定称之为鉴识（但台湾地区的诉讼法律仍然采用"鉴定"一词），因而将司法鉴定专家称之为鉴识专家，将司法会计称之为鉴识会计。

6. 法务会计。"法务会计"是日文名词的汉字部分，该名词直译为中文就是"司法会计"。1996年台湾地区一家报纸在翻译英文新闻时，借助日文的汉字部分将Forensic Accounting翻译为"法务会计"。[2] 随后便有大陆学者也将Forensic Accounting翻译为"法务会计"。事实上，无论是从英文专业词典对Forensic的释义，还是从英美法系国家学者对Forensic Accounting概念的阐释，都无法将Forensic Accounting翻译为中文"法务会计"。[3] 如果将Forensic Accounting直译为"法庭会计"，会符合该名词的原意（用于法庭辩论的"会计"）；而如果意译为

---

〔1〕 金建华：《检察会计鉴定学》，中国检察出版社1999年版，第6页。

〔2〕 参见1996年12月15日《参考消息》。

〔3〕 一些研究者反复讨论着所谓"法务会计与司法会计关系"的命题，试图证明两者是不同的事物或"法务会计包含司法会计"。但越来越多的"法务会计"研究者发现，Forensic Accounting与司法会计系同一事物的不同称谓。由于研究者们一直无人解释清楚为何将Forensic Accounting翻译为"法务会计"，为了摆脱学界对这一错误翻译结果的追问，有研究者竟提议将"法务会计"翻译为英文Legal Accounting，以使其能够脱离Forensic Accounting的原意。

"司法会计"，则更符合国外学者对该名词的阐释（用"会计"来为司法活动提供证据）。

（三）中外对司法会计概念的不同定义

1. 关于司法会计的基本属性。对司法会计属性的表述存在两种不同的说法：一种说法是本书的观点，即司法会计活动属于诉讼活动；另一种说法则是将司法会计活动视为会计服务活动[1]。

2. 关于司法会计的主体。对司法会计活动的主体存在三种认识：一是本书所述司法会计活动主体由诉讼法律规定，具有法定性特征，既包括司法会计师，也包括各类诉讼主体以及会计、审计专业人士。二是认为司法会计主体是指公共会计师，包括注册会计师、注册舞弊审计师、注册法庭会计师等，这种认识比较符合英美法系国家的诉讼理念。三是认为司法会计活动的主体只有司法会计师，即司法会计活动只能由司法会计师实施，其他职业者在诉讼中依法实施的会计检查、会计鉴定等活动，都不能称其为司法会计活动，反之，司法会计师在诉讼外进行的执业活动也应当称之为司法会计活动。这种认识源于一些研究者仅从职业角度而非诉讼法律角度研究司法会计的结果。

3. 关于司法会计的内容。对司法会计内容的阐释有两种情形：一是本书所阐释的司法会计活动的内容包括司法会计检查、司法会计检验、司法会计鉴定和司法会计文证审查等。二是认为司法会计活动的内容即指司法会计师的执业内容。这一认识将司法会计从诉讼活动扩展到审计等非诉讼活动，不仅在理论上难以构建基本理论，操作上也容易导致混淆。比如：法律教学属于教育活动，法律教师的执业范围也可以包括辩护等诉讼活动，但法律教育活动与辩护活动属于性质不同两类不同的社会活动，操作上没有共性。

4. 关于司法会计的对象。关于司法会计对象的不同认识主要集中在司法会计鉴定对象方面，并形成三种说法：一是本书依据诉讼法律、司法鉴定法律和法理，将司法会计鉴定的对象设定为涉案财务会计问题。二是认为司法会计鉴定的对象是法律问题，这一认识源于司法实践的历史，即我国司法会计鉴定最初就是为了解决一些难以定性的贪污案件，并曾经一度成为主流做法，但这显然超出了鉴定意见的证据属性要求，目前已逐步被淘汰。三是认为司法会计鉴定的对象是

---

〔1〕"会计服务活动"是一个社会属性不确定的概念，泛指会计师所提供的专业服务活动。比如：会计活动、会计中介活动、审计活动都可以表述为"会计服务活动"。

指涉案财务会计资料或会计资料。这一认识源于司法鉴定理论中的客体理论,[1]该理论将司法鉴定所涉及的鉴定材料称之为鉴定对象,由于司法会计鉴定中的检验对象是涉案财务会计资料,因而将其表述为司法会计鉴定的对象。

（四）关于司法会计检查与司法会计鉴定的分立

基于历史的原因,我国一直存在将司法会计检查和司法会计鉴定混称为司法会计鉴定的认识和做法。这一认识和做法不妥。从理论研究的需要讲,司法会计检查理论与司法会计鉴定理论虽有相通之处,但各自又有相对独立的理论体系和不同的研究范围。司法会计检查理论主要是研究寻找、发现、收集财务会计资料证据和固定检查情况的对策与方法,而司法会计鉴定理论则主要是研究鉴别判定财务会计问题的思路与方法。因此,如在理论上将二者混为一谈,势必会影响到对检查、鉴定的技术与方法分别进行的深入研究;从司法实践看,司法会计检查通常由诉讼主体实施,多数检查的结果亦无须进行司法会计鉴定。如果将司法会计检查活动视为司法会计鉴定活动,不仅会导致大量的司法会计检查活动无法开展,也会使司法会计鉴定活动流于形式。

四、司法会计鉴定活动与审计活动

需要说明的是,人们对司法会计鉴定活动与会计活动的差异比较了解,也很容易分清,因为后者的主要内容是进行会计核算。司法实践中极为容易混淆的是司法会计鉴定活动与审计活动,这是因为司法会计活动与审计活动都会涉及会计检查、会计鉴定,而且在司法会计师职业尚未社会化的情况下,很多人误认为司法会计就是在诉讼中进行的审计活动。

这里明确一下审计的概念。审计,是指审计机构根据需要或接受委托,指派专业人员依据审计标准,通过审查被审单位的财务会计资料和有关经济活动,提出意见和结论的一种经济监督、鉴证和评价活动。我国目前的审计机构主要包括国家审计机关、会计事务所,前者的从业人员主要是国家审计人员,后者的从业人员主要是注册会计师。由于我国司法会计师尚未实现社会职业化,因而注册会计师经常接受诉讼机关的委托参与司法会计检查、实施司法会计检验或司法会计鉴定,这是导致人们误将司法会计活动理解为审计活动的感性原因。

（一）司法会计鉴定活动与审计活动的共性

1. 主体方面。司法会计鉴定与审计都是由财务会计资料制作者以外的人进行的社会活动,同时,注册会计师等审计人员依照一定的法律程序也可以成为具

---

〔1〕　这一理论产生于司法鉴定种类不多的时期,当时不同鉴定类型所使用的检材不同。随着司法鉴定类型的发展,各种不同类型鉴定运用相同检材的情形越来越多,该理论已经不适应新的情况。

体案件的司法会计鉴定的主体。

2. 对象方面。司法会计鉴定与审计都会涉及相关财务会计问题的判断。

3. 标准方面。司法会计鉴定与审计都可以采用财务会计标准作为引用技术标准。

4. 手段方面。司法会计鉴定与审计都需要采用一定的账务检查手段来完成任务。

5. 结果方面。司法会计鉴定与审计均需要出具书面文件报告工作结果。

6. 风险方面。司法会计鉴定与审计均有一定的风险性。

（二）司法会计鉴定活动与审计活动的差异

司法会计鉴定与审计在概念、主体、操作程序及工作结果等方面存在着明显差异。

1. 司法会计鉴定与审计的概念差异。

（1）社会属性不同。司法会计鉴定是一种法律诉讼活动，审计则是一种社会经济监督、鉴证和评价活动。这一差异决定了司法会计鉴定活动应当受到诉讼法律的规范，而审计活动应当受到审计准则的规范。

（2）对象不同。司法会计鉴定从属于法律诉讼活动，其对象仅限于案件所涉及的财务问题或会计问题；审计作为一项独立的社会活动，其对象可能同时涉及被审计单位的财务收支、财务状况[1]、财务成果[2]、现金流量、会计核算等需要进行经济监督的各个方面。这一差异决定了司法会计鉴定主体不能自由选择鉴定对象，而审计主体在明确审计任务的前提下可以自行选择审计对象。

（3）目的不同。司法会计鉴定只是为了查明案情，诉讼主体所需查明的某一具体案情，决定了司法会计鉴定的对象范围；审计的目的则具有多样性，包括评价财务会计报告、鉴证经济业务、监督经济活动等。这一差异决定了司法会计鉴定意见仅涉及对提请鉴定的财务会计问题的判断结果，而（舞弊）审计意见则涉及审计发现的所有问题。

（4）组织机构不同。目前我国司法会计鉴定的启动权仍在诉讼机关，其过程也会受到诉讼机关的控制和监督；审计的启动权在于审计机关、经济监督部门、相关单位或个人，在启动后由审计机构主持进行，其过程由审计机关或提请审计的单位（或个人）进行控制和监督。这一差异决定了司法会计鉴定与审计应当按照不同的程序实施。

---

〔1〕 财务状况是指某时间单位资产、负债、接受投资和留存收益等的实际情况。

〔2〕 财务成果是指某期间单位财务运行的效果，可能是盈利或结余，也可能是亏损或超支。

2. 司法会计鉴定与审计的主体差异。

（1）主体的产生程序不同。依现行的诉讼法律规定，我国的司法会计鉴定人主要由诉讼机关指派、聘请或委托产生；审计人员则通常由审计机构指派或聘请产生，其中：国家审计由审计机关直接指派或聘请审计人员实施，中介审计机构则需要接受委托才能指派审计人员实施审计。这一差异决定了司法会计鉴定主体与审计主体的不同资格规范。

（2）具体主体的要求不同。比如：在具体诉讼中担任司法会计鉴定人，必须具备解决该案财务会计问题专业知识和能力，而在具体审计活动中，审计主体只要具备执业资格即可担任任何审计事项的具体审计人。又如：根据刑事诉讼法律规定，是本案的当事人或者是当事人的近亲属的，本人或者他的近亲属和本案有利害关系的，担任过本案的证人、辩护人、诉讼代理人、侦查、检察、审判人员的，与本案当事人有其他关系可能影响公正处理案件的均不得担任鉴定人。[1]而国家审计中只要求审计人员与被审计单位或者审计事项无利害关系，[2] 独立审计中则仅要求注册会计师与委托人没有利害关系。[3] 这一差异表明，在具体业务事项中，司法会计鉴定主体比审计主体的要求更为严格。

（3）主体的诉讼地位不同。司法会计鉴定主体是诉讼参与人，享有法定的诉讼权利和承担法定的诉讼义务；审计主体不是法定的诉讼参与人，但如果审计主体所进行的审计事项被列为案件事实，那么审计主体将成为案件的当事人或证人。这一差异决定了司法会计鉴定主体和审计主体在法律诉讼中享有不同的诉讼权利和承担不同的诉讼义务。

（4）主体的法律责任的类型不同。司法会计鉴定主体承担与实施鉴定有关的诉讼法律责任；审计主体承担与实施审计有关的法律责任。例如：就故意出具虚假结论性意见的刑事责任而言，司法会计鉴定主体对与案件有重要关系的情节故意出具虚假鉴定意见的，应当承担伪证罪的刑事责任（但过失导致鉴定意见失实的不承担刑事责任）；而承担审计职责的注册会计师故意出具虚假审计结论的，则应当承担虚假证明文件罪的刑事责任，即使是过失出具虚假审计结论，如果具有严重不负责任并造成严重后果情节的，也需要承担出具证明文件重大失实的刑事责任。这一差异也反映出司法会计鉴定与审计的主体属性不同而会形成不同的法律责任。

---

〔1〕 参见《刑事诉讼法》第三章。
〔2〕 参见《审计法》第13条。
〔3〕 参见《注册会计师法》第18条。

3. 司法会计鉴定与审计的操作程序差异。

（1）操作环境不同。例如：司法会计鉴定在获取鉴定所需的检材并实施技术检验方面，有比审计措施更强的相关诉讼措施作保障，如果相关单位或个人故意不提供司法会计检材，可以由诉讼机关采用搜查方式强制获取；而审计显然不具备这种强制性措施，当遇有故意不提供审计证据的情形时往往束手无策，这一差异决定了司法会计鉴定有比审计更强的法律保障。又如：司法会计鉴定所需检材通常由侦查、检察和审判人员获取并提供，审计证据则是由审计人员直接获取，并由被审计单位直接提供，这一差异反映出两者在获取证据材料方面有不同的途径，并决定了司法会计鉴定主体在获取证据材料方面的自主性低于审计主体。

（2）操作手段方面存在差异。司法会计鉴定人只能采用技术手段（检查、计算、复核性验证等）来完成鉴定，而不能采用非技术手段进行（如讯问、询问、函证等）；而审计主体除采取技术手段外，还可依法采取各种非技术手段来完成审计任务，如询问、监盘、查询及函证等。某些手段即使是技术手段（如抽样审计、相关专业鉴定等），在司法会计鉴定中也不得运用，但审计则可以运用这些技术手段。这一差异表明：一则，司法会计鉴定在操作手段方面较审计手段会受到很多限制，这是基于诉讼分工和保障鉴定意见科学性的要求——司法会计鉴定人无权行使也不应当行使法律规定应当由诉讼主体实施的某些诉讼行为，即使司法会计鉴定主体实施了这些行为，其所获取的证据材料也不得作为鉴定意见的根据（因而也就没有必要实施）；二则，司法会计鉴定在操作方面比审计更强调技术性，因为不能采用非技术手段，司法会计鉴定主体在操作中需要比审计更加专注技术手段的运用，进而使其所出具的鉴定意见更具有技术性和专业性的特征。

（3）操作程序方面存在差异。司法会计鉴定的基本程序是先结论后验证，具体的操作程序通常包括鉴定准备（受理、受检、备检）、初步检验（阅卷、测试检材质量、作出初步结论、制定详细检验论证方案）、详细检验、制作鉴定意见等四个阶段。审计的基本程序是先审计后结论，具体操作程序通常分为审计准备（接受委托、测试内控制度、制订审计计划）、实施审计、制作审计报告等三个阶段。这一差异反映出司法会计鉴定与审计的工作思路在一般情况下是相反的，其原理在于司法会计鉴定通常是以案件调查为前提的，而审计则需要从头开始实施相关调查。

（4）操作过程中发现问题的处理方式存在差异。司法会计鉴定主体在鉴定中发现涉及案件的与鉴定有关或无关的财务舞弊等线索或证据时，应当告知送检方[1]或建议送检方进行调查或收集、固定证据，不得自行处理；审计主体则可以自行处理审计中发现的舞弊等问题，并作出相应的结论。这一差异是由主体在司法会计鉴定和审计中的不同地位所决定的。司法会计鉴定主体作为诉讼参与人无权处理涉案线索或证据，而审计主体则有权自行处理审计事务。

4. 司法会计与审计的工作结果差异。

（1）文书种类存在差异。司法会计鉴定意见只能以司法会计鉴定文书形式进行表达，这类证据文书可能是司法会计鉴定书、司法会计分析意见书或司法会计咨询意见书等。如果鉴定未能作出结论性意见，鉴定人则应当出具终止鉴定程序文书，说明不能作出鉴定意见的原因；审计意见通常采用审计报告的形式进行表达，这类报告可能是无保留意见的审计报告、带强调事项段的无保留意见的审计报告、有保留意见的审计报告报告、否定意见的审计报告或无法表示意见的审计报告等，也可以同时出具管理建议书等。

（2）工作结论在证据依据方面存在差异。从所依据的证据范围看，司法会计鉴定意见只能依据基本证据（财务会计资料、财务会计资料证据等）作出，当事人陈述、证人证言、其他鉴定意见等言词证据只能作为参考证据，不能作为结论的根据；审计结论除了依据基本证据外，还可以将言词证据等视为辅助性证据作为审计结论的根据。从所依据证据的要求看，司法会计鉴定意见中的确定性结论所依据的鉴定证据必须是充分的；而审计结论均可以采用适当性原则来确定审计证据的多寡。

（3）工作结论的要求方面存在差异。司法会计鉴定意见作为独立的诉讼证据，其具有明确的针对性，即只能就送检方提请鉴定的财务会计问题表达结论性意见；审计结论则由审计人员依据审计准则和审计结果，自行决定结论的范围。其次，司法会计鉴定人只能回答鉴定事项所列财务会计问题，不允许在结论中设定问题；审计结论通常不存在特定要求事项，所表达的内容由审计师根据审计目标和审计结果自定，并可以提出审计中所发现的问题并予回答或要求被审单位答复。

（4）工作结论的范围方面存在差异。首先，司法会计鉴定意见不允许表达涉及财务会计行为人主观心理状态问题；审计结论在确认错弊时，必然涉及对行为人主观心理状态的判断。其次，司法会计鉴定意见作为诉讼证据，其内容不允

---

〔1〕 送检方包括送检机构和送检人，送检机构是指诉讼机关以及依法可以启动司法会计鉴定的其他机构；送检人则是指该机构承担具体组织司法会计鉴定的人员。

许表达建议性意见；审计结论可以（或必须）提出纠正财务会计错误的建议或要求。最后，司法会计鉴定意见不回答财务会计管理质量问题；审计结论可以对被审计单位的财务会计管理质量和水平表达评价性意见。

（5）工作结论的诉讼意义不同。司法会计鉴定意见与审计结论都可以作为诉讼证据，但在法定的诉讼证据的类型中，司法会计鉴定意见属于鉴定意见，审计结论则属于书证，这一差异旨在说明司法会计鉴定意见与审计结论的不同证据属性。由于审计结论不具备司法会计鉴定意见的证据属性，因而尽管其中也会存在结论性意见，但只能证明审计事实的客观存在，而不能被作为鉴定意见使用，[1] 这是由鉴定意见和审计意见的事实依据和结论内容的范围所决定的。

（6）文书内容方面存在差异。所有的司法会计鉴定文书，除需要表达检验结果外，还必须说明对鉴定意见的论证依据和论证过程，审计报告只有在特定的情况下，才要求说明审计结论的理由。

 第二节　司法会计活动的主体及活动机制

一、司法会计活动的主体

司法会计主体，即司法会计活动的主体，指依法组织、实施司法会计活动的诉讼主体及诉讼参与人。基于司法会计活动的法律诉讼属性，其主体范围及活动机制也应当根据诉讼法律来确定。

首先需要说明的是，诉讼机关毋庸置疑地应当作为司法会计活动的基本主体。目前我国诉讼法律仍然将启动、组织、监督司法会计活动的权力赋予侦查、检察、审判和执行等诉讼机关。然而，诉讼机关是一个抽象的概念，具体的司法会计活动由哪些具体人员来实施或谁能参与到司法会计活动中，是本节讨论的主要内容。

按照我国诉讼法律的规定，不同类型的司法会计活动的具体主体不同，见表1－1所示。

---

〔1〕 诉讼中的类似情形很多，比如涉及死因问题的案件中，反映死因的法医学鉴定文书可以被作为鉴定意见采纳，但反映死因的医学病历只能作为书证使用。

表 1 - 1 司法会计活动主体

司法会计活动类型	司法会计主体类型
司法会计检查	警官、检察官、法官、律师、专家
司法会计鉴定	专家
司法会计检验	专家
司法会计文证审查	警官、检察官、法官、律师、专家
"专家"范围：司法会计师、注册会计师、会计师、审计师、注册税务师、大学教师等	

除表 1 - 1 所列司法会计主体外，法律允许参与司法会计检查和文证审查的诉讼参与人还包括：

1. 案件当事人。在案件调查和审理中，除有碍侦查的情形外，当事人都会积极参与司法会计检查活动（以便获取对自己有利的财务会计资料证据），也会积极参与文证审查（以便搞清对方当事人所掌握的涉案财务会计资料证据及司法会计证据文书的内容及其证明作用）。

2. 熟悉案情的人。刑事诉讼法规定，除特殊情况外可以吸收他们协助（包括司法会计检查在内的）调查取证。

3. 与案件无利害关系的人。主要是作为见证人参与司法会计检查并在《勘验、检查笔录》上签名。

这里需要明确的是，司法会计主体是一个与具体案件的诉讼相联系的概念，即司法会计主体仅出现在具体案件的调查、审理中。我们可以从法律规定或理念上讲，警官、检察官、法官、律师、专家都可以成为司法会计主体，但他们并非是当然的司法会计主体。他们要作为司法会计主体需要满足两个基本条件：一是要存在具体的案件诉讼——前文已经说明在具体案件诉讼外不存在司法会计活动，因而在具体案件的诉讼外也就不存在司法会计主体；二是要履行法定手续——任何人成为具体案件诉讼的司法会计主体，都需要依法办理指派或聘请手续，任何没有依法办理具体手续的人参与司法会计活动都是违法的。

（一）司法会计检查主体

司法会计检查主体即司法会计检查人员，是指在法律诉讼中，由诉讼机关指派或聘请，进行（或参与进行）司法会计检查的人员。其诉讼任务是根据办案需要，对诉讼所涉及的财务会计资料及相关财物进行司法检查，收集、固定、提取、核实财务会计资料证据或制作司法会计勘验、检查笔录。

司法会计检查主体通常可以包括：

1. 由诉讼机关指派进行司法会计检查的案件调查的警官、检察官和法官；

2. 接受指派或聘请参与进行司法会计检查的专家（含司法会计师、注册会计师、会计师、审计师等）；

3. 依法参与司法会计检查的律师、辩护人、当事人、见证人等。

（二）司法会计鉴定主体

司法会计鉴定主体即司法会计鉴定人，是指受诉讼机关的指派或聘请，具体实施司法会计鉴定的诉讼参与人。其主要任务是根据诉讼机关的要求，通过对送检的财务会计资料及相关证据进行检验，解决诉讼所涉及的特定财务会计问题，出具司法会计鉴定文书。

司法会计鉴定人，应当具备的主体资格条件：①符合法律要求的鉴定资格（即具有专门知识）；②接受诉讼机关的指派或聘请（委托书、聘请书等法律文书）。

这里需要特别提示的是：按照诉讼法律规定，司法会计鉴定主体应当是指自然人，而不是鉴定机构等法人。目前我国诉讼法律没有认可法人鉴定，但司法实践中往往会将鉴定机构视为鉴定主体。这种误识主要表现为以鉴定机构的名义出具鉴定文书、裁判文书将鉴定人所在机构表述为鉴定意见的出具主体等。

（三）司法会计检验主体

司法会计检验主体，是指受诉讼机关的指派或聘请，具体实施司法会计检验的诉讼参与人。其主要诉讼任务是根据诉讼机关的要求，通过对财务会计资料及相关证据的检验，证实诉讼所涉及的特定财务会计事实，并出具《司法会计检验报告》。

司法会计检验应当由司法会计师、注册会计师等专家实施，其主体资格要求与前述鉴定主体的要求相同。

（四）司法会计文证审查主体

司法会计文证审查主体，是指在法律诉讼中，由诉讼机关指派或聘请，进行（或参与进行）司法会计文证审查的人员。其主要诉讼任务是根据办案需要，对涉及财务会计业务的证据进行审查，确认这些证据能否作为定案的根据。

司法会计文证审查主体通常可以包括：

1. 由诉讼机关指派进行司法会计检查的案件调查、检察和审判人员；

2. 接受指派或聘请参与进行司法会计文证审查的专家（含司法会计师、注册会计师、会计师、审计师等）。

二、司法会计主体的诉讼关系

司法会计主体的诉讼关系，是指在司法会计活动中，案件承办人员与司法会计师等专家之间的诉讼关系。

（一）司法会计检查中的诉讼关系

司法会计检查是由诉讼主体直接实施的一种诉讼调查措施，因而通常情况下不会涉及诉讼主体与专家之间的诉讼关系问题。只是在"必要的时候"，诉讼主体指派或聘请专家（如司法会计师）参与司法会计检查时，才会出现诉讼主体与专家之间的诉讼关系问题。

按照法律规定，专家参与司法会计检查有两个限制，一是"必要的时候"才可以指派或聘请专家参与司法会计检查；二是专家应当在诉讼主体的主持下进行司法会计检查活动。这两个限制分别表明了专家参与司法会计检查的参与时机和诉讼地位。

从参与时机看，警官、检察官、法官等诉讼主体显然是司法会计检查的主办一方，而司法会计师等专家是提供技术支持一方。诉讼主体可以从司法会计师等专家那里获得的技术支持通常包括：司法会计检查方案的设计、检查涉案财务会计资料并获得所需的财务会计资料证据、检查涉案财物并形成检查笔录、分析已经获取的财务会计资料证据等。换句话说，"必要的时候"主要是指诉讼主体在司法会计检查中遇到技术难题，需要专家提供专业技术支持。这里可能有的特例是，侦查机关负责人认为有必要时，可以直接指派司法会计师参与勘验、检查。

从诉讼地位讲，司法会计师等专家参与司法会计检查时不得自行其是，应当在诉讼主体的主持下进行。

总之，司法会计师等专家参与司法会计检查的主要任务就是利用司法会计检查技术解决检查中的各种技术难题，排除技术障碍，因而其与诉讼主体的关系应当是提供技术支持与主办之间的关系。

（二）司法会计鉴定中的诉讼关系

司法会计鉴定是由司法会计鉴定人具体实施的一种诉讼调查措施。司法会计鉴定中的诉讼关系主要是指送检方与司法会计鉴定人之间的关系。

司法会计鉴定中的诉讼关系比较复杂，这是由于司法会计鉴定人在诉讼中有着特殊地位。一方面，司法会计鉴定人在诉讼中属于诉讼参与人，与证人具有近似的诉讼地位，从这一角度讲，司法会计鉴定人不应拥有诉讼主体的各种诉讼权力；另一方面，司法会计鉴定人与证人又有不同之处，司法会计鉴定人是在诉讼开始后才参与到案件中，而且有权了解与鉴定有关的案件事实，有权获取和阅读与案件有关的材料并参与对案件材料的分析研究，这些特殊的诉讼权利决定了司法会计鉴定人在诉讼中又有着与诉讼主体近似的诉讼地位。基于司法会计鉴定人在诉讼中的特殊地位，司法会计鉴定中的诉讼关系应当是分工负责、相互配合和相互制约。

所谓分工负责，是指在司法会计鉴定中，送检方与司法会计鉴定人应当按照各自的诉讼分工进行活动。送检方的诉讼职责是提出需要鉴定的财务会计问题，收集和提供财务会计资料等检材，并对鉴定结果进行审查判断；司法会计鉴定人的职责是对检材进行检验并就送检方提出的财务会计问题进行鉴别判断，提供司法会计鉴定的工作结果（如出具鉴定文书等）。

所谓相互配合，是指在司法会计鉴定中，送检方在收集检材遇到技术困难时，司法会计鉴定人应当提供技术协助；司法会计鉴定人在鉴定中发现检材不足或有不实嫌疑时，应当及时通知送检方，送检方则应当及时予以补充或核实。另外，送检方与鉴定人之间还可以就涉案财务会计事实、证据、法律适用等问题进行交流、沟通。

所谓相互制约，是指在司法会计鉴定中，送检方应当随时关注司法会计鉴定的进程，注意司法会计鉴定中有无出现违法（如鉴定人应当回避等）或操作不当等情形，并通过审查判断鉴定意见，来研究司法会计鉴定意见的科学性，从程序上确保司法会计鉴定合法、科学地进行；司法会计鉴定人应当注意审查送检方提出的鉴定事项是否妥当，对不当的鉴定事项应当拒绝鉴定，对送检方提出的可能影响鉴定正常进行的各种明示或暗示应当予以回绝，同时注意审查送检方提供检材的完备性，发现存在缺陷应当及时提出补充检材的建议。

三、司法会计活动的结果及其处理

（一）司法会计检查结果的处理

司法会计检查的结果，包括发现嫌疑账项、发现和收集到财务会计资料证据或物证以及所形成的勘验、检查笔录。对司法会计检查结果应当分别作出如下处理：

1. 发现嫌疑账项，应当及时组织查证，以核实嫌疑账项，获取证据。同时，检查结果涉及需要通过鉴定解决的财务会计问题时，应当及时组织司法会计鉴定。

2. 发现财务会计资料证据，应当及时采用提取原件、复印或拍照、抄录等方法进行固定和提取；发现物证时，应当及时办理手续进行扣押，对扣押有困难的，应当及时查封。

3. 对收集到的财务会计资料证据或物证，应当审查判断，对与案件有关的书证应当及时入卷，对与案件无关的财务会计资料、物品应当及时解除扣押。审查判断财务会计资料证据有技术困难的，可以指派或聘请司法会计师协助审查，以便及时发现问题，补充证据。

另外，对司法会计检查的过程及结果应当制作《勘验、检查笔录》。

（二）司法会计鉴定结果的处理

司法会计鉴定的结果，通常是指作出了司法会计鉴定意见，但也可能由于各种原因，鉴定人终止了鉴定，没有提供司法会计鉴定意见。对司法会计鉴定结果应当分别作出如下处理：

1. 对司法会计鉴定意见，应当进行审查判断，以便确定能否作为定案的根据。对其他诉讼环节形成的或由非司法会计师出具的鉴定意见的审查遇有困难时，可以指派或聘请司法会计师协助审查。

2. 在诉讼过程中，对审查无异议的司法会计鉴定意见，应当及时告知犯罪嫌疑人（预先质证），犯罪嫌疑人有权要求补充鉴定或重新鉴定，但是否进行补充鉴定或重新鉴定，应当由诉讼机关决定。

3. 发现鉴定意见有问题时，应当由司法会计鉴定人作出说明。如果鉴定人不能作出合理的解释，应当考虑组织补充鉴定或重新鉴定。

4. 对司法会计鉴定人终止鉴定的情形应当区分不同情况进行处理。经审查，确因检材不足或检材质量缺陷而导致的，应当放弃鉴定；对因司法会计鉴定人业务水平等主观原因不能作出鉴定意见的，应当组织重新鉴定。

5. 对因检材缺陷等问题不能出具鉴定意见的情形，应当考虑司法会计鉴定人已经取得的技术检验结果对案件事实是否有证明作用。对有证明作用的，可以要求鉴定人以专家身份出具司法会计检验报告。

第三节　司法会计师的执业活动

一、司法会计师职业与执业活动

司法会计师，是指经过一定的职业认可程序产生，并主要从事司法会计活动的执业人员。

我国司法会计师职业实际产生于 20 世纪 80 年代，但时至今日尚未被认定为独立职业。80 年代检察机关开始配备专职司法会计鉴定人员，从而形成了司法会计师职业的雏形。2007 年有专家建议将"司法会计人员"一词改称"司法会计师"，这样既便于在职业标准中明确执业主体称谓，也方便这一职业的社会化发展和社会认知度的提高。目前我国检察机关有明确的司法会计岗位，部分社会司法会计鉴定机构也有专门从事司法会计活动的人员，但这一职业的社会化进程尚在进行中。

在理解和使用司法会计师的概念时，需要注意与司法会计主体概念进行区别。

司法会计师属于职业概念，专指具备司法会计师执业资格的人员。司法会计主体则是诉讼概念，特指在具体诉讼中实施司法会计活动的人员，包括侦查人员、检察人员、审判人员、律师、司法会计师等。司法会计师只是司法会计主体之一，其只有参与具体案件的司法会计活动时才属于司法会计主体。

正确区分司法会计师与司法会计主体的概念，有利于明确两者权利与义务的不同属性：司法会计师的权利和义务是职业方面的，其内容由职业管理法律规范；而司法会计主体的权利和义务是诉讼方面的，其内容由诉讼法律规范。明确这一点，对研究有关司法会计职业管理法律制度以及实践中正确区分职业关系和诉讼关系都至关重要。例如：司法会计师通常应当具备司法会计鉴定的执业资格，但具有司法会计鉴定执业资格的司法会计师并不能当然地成为具体案件中"司法会计鉴定人"；而司法会计鉴定人是一个诉讼法律概念，只有在具体案件中才可能出现，诉讼以外并不应存在"司法会计鉴定人"。

由于司法会计师职业的出现，因而很多人会将司法会计活动理解为"司法会计师所从事的活动"，甚至有些司法会计文章、书籍、文件中也将司法会计活动的主体限于司法会计师。这些情形引发实践中出现两个认识误区：一是认为凡是司法会计师从事的执业活动都被称为司法会计活动，如有司法会计师进行舞弊审计后，向委托人出具《司法会计检查报告》；再如有些司法会计师在诉讼外进行会计鉴定，也出具《司法会计鉴定书》。二是认为凡是没有司法会计师参加的活动都不属于司法会计活动，把警官、检察官、法官所从事的诉讼查账活动都排斥在司法会计活动之外，甚至有些诉讼主体还抵制注册会计师进行司法会计鉴定。

第一，应当明确司法会计是一种诉讼活动，但无论是国内还是国外，司法会计师的执业范围都不仅限于从事诉讼活动。当司法会计师从事司法会计活动以外的执业活动时，其活动的性质就不再属于司法会计活动，也不需要遵循司法会计活动的规范和标准。例如：司法会计师从事舞弊审计活动时，应当遵循审计准则。同时，注册会计师、审计师等专业人员从事司法会计活动时，也应当遵循司法会计业务准则，而不是按照审计准则行事。

第二，司法会计活动包括诉讼中的查账、查物和对财务会计问题进行鉴定等活动，而我国诉讼法律规定这些查账、查物活动应当由侦查、检察和审判人员进行，因而司法会计检查活动的主体包括这些非司法会计师的诉讼主体，这不仅只是法律规定，而且在技术上也是可行的[1] 另外，我国法律还规定，司法检查活动中必要的时候可以聘请有专门知识的人参与司法会计检查，这样一来，凡是具备查账技能的人，无论是否是司法会计师，在符合法定条件（如无须回避）的情况下都有资格参与司法会计检查。从司法会计鉴定看，根据我国诉讼法律规定的精神，司法会计师作为具有专门知识的人员，可以成为司法会计鉴定的主体，但其他具备解决涉案财务会计问题的人员（如注册会计师等），依法也可以成为司法会计活动的主体。

二、司法会计师执业活动的范围

根据司法会计师的素质能力，结合我国社会实践，司法会计师的执业范围大致分为诉讼类和非诉讼类两类。

（一）司法会计师的诉讼业务范围

司法会计师诉讼业务，主要是接受诉讼主体的委托、指派或聘请参与诉讼，承担司法会计鉴定及其他诉讼支持业务。其中，其他诉讼支持业务主要包括提供专业咨询业务、司法会计检查业务、司法会计文证审查业务、专项检验业务、财务数据测算业务、出庭质证业务等。

1. 司法会计鉴定业务。主要是针对诉讼主体提出的涉案财务会计问题进行鉴定，并提供书面鉴定意见。所提供的鉴定意见可能包括鉴定结论、分析意见、咨询意见等。

2. 专业咨询业务。司法会计师执行专业咨询业务的内容包括：为诉讼主体提出的与诉讼相关的专业问题提供建议或专业答复，这类问题可能涉及诉讼价值、诉讼方案、财务会计标准等方面。

3. 司法会计检查业务。司法会计师执行司法会计检查业务的内容包括：协助诉讼主体通过查账、查物，发现证据线索，收集并固定财务会计资料证据，或协助制作勘验、检查笔录。

4. 司法会计文证审查业务。司法会计师执行司法会计文证审查业务的内容包括：协助诉讼主体审查案件中的财务凭据、会计凭证、账簿、会计报表、财务报告等非结论性证据，以及审计报告、验资报告、评估报告、司法会计检验报告、司法会计鉴定文书等结论性证据，并提出审查意见供诉讼主体参考。

---

[1] 实践证明：一名警官、检察官、法官，只需进行短期培训，不需要司法会计师的协助便能够承担一般的司法会计检查活动，并成功获取相关的财务会计资料证据。法律专业学生在不具备会计专业能力的情况下，也能够学习和掌握查账取证等司法会计技能，以备将来从事诉讼业务所需。

5. 专项检验业务。司法会计师执行专项检验业务的内容包括：对诉讼主体提供的特定财务会计资料及相关证据进行检验，查明涉案财务、会计业务的客观情况，并以《司法会计检验报告》的形式，独立提供检验结果。

6. 财务数据测算业务。司法会计师执行财务数据测算业务的内容包括：对诉讼主体提出的涉案财务数据进行测算，并提供书面测算意见。这类财务数据可能涉及虚拟存款利息额、虚拟投资损益额、经营损益额、财务收入额、应纳税额等。

7. 出庭质证业务。司法会计师执行出庭质证业务的内容包括：经当事人申请和人民法院通知，作为"有专门知识的人"出庭协助一方当事人（含公诉方）出庭质证，就法庭调查涉及的有关财务、会计、司法会计方面的问题进行质疑或解答。

（二）司法会计师的非诉讼业务范围

司法会计师的非诉讼业务，主要是接受相关公民、法人或他组织的委托，承担诉讼以外与财务管理、舞弊调查等有关的管理服务业务或备诉业务。根据司法会计师的职业素养和社会需求，司法会计师的非诉讼业务通常涉及舞弊调查业务、舞弊诊断业务、非诉讼调解业务、经济事项调查业务和特别顾问业务等。

1. 舞弊调查业务（舞弊审计业务）。司法会计师执行舞弊调查业务的内容包括：根据委托人的要求对可能涉及财务、会计舞弊的事项或线索进行调查，提供调查报告。这类调查业务通常会与委托方准备提出刑事控告、提起民事或行政起诉有关，即用于为诉讼准备证据。

2. 舞弊诊断业务。司法会计师执行舞弊诊断业务的内容包括：根据委托人提供的财务会计资料，通过考察内部控制制度的内容和执行情况，就相关单位的某财务会计部位是否可能存在舞弊进行诊断，并提出调查或改进建议等。舞弊诊断业务通常与启动舞弊调查和进行舞弊预防活动有关。

3. 非诉讼调解业务。非诉讼调解，是指在诉讼外进行的民事调解活动。司法会计师执行非诉讼调解业务的内容包括：根据委托人的要求提出调解方案，对各方进行解释和劝解，协助起草调解协议等。

4. 经济事项调查业务。司法会计师执行经济事项调查业务的内容包括：根据委托人的要求，对除舞弊调查以外的经济事项提出调查方案，采用各种调查方法实施调查，并提供调查报告。

5. 特别顾问业务。司法会计师担任特别顾问业务的内容与其所担任顾问的职责约定有关。比如：担任企业的特别顾问，其约定职责可能涉及财务管理、法律事务等；担任司法机关的技术顾问，其约定职责可能涉及指导开展司法会计业务，对司法人员、司法会计师进行培训，解决案件的疑难问题等。

第四节　司法会计学科理论

一、司法会计学的含义与学科地位

司法会计学，是应用会计学、法学、逻辑学等学科的理论成果，通过研究司法会计活动的规律，研究并提出司法会计的机制及技术程序、方法和对策的一门应用性法律学科。

法学分为理论法学和应用法学两类。应用法学按照研究范围不同又可分为实体法学、程序法学等部门法学和证据法学，其中，证据法学是实体法学和程序法学的关联学科。司法会计学属于应用法学中证据法学的组成部分。证据法学内容十分广泛，包括证据法学原理（基本证据法则）、诉讼调查学、法医学、物证学、司法会计学等。因此，司法会计学是证据法学的一项重要分支，其与会计学、相关部门法学、逻辑学等基础学科的关系，是应用与被应用的关系，即司法会计学并不研究相关学科的内容，而是对相关学科研究成果加以运用，以解决本学科的问题。

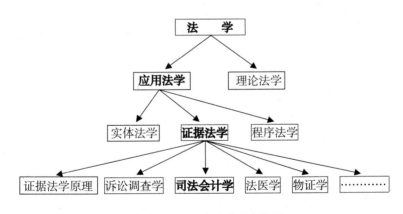

图 1-2　司法会计学科定位图

二、司法会计学科理论构成

（一）司法会计基本理论

司法会计基本理论主要由司法会计概念体系、财务会计事实划分理论、财务会计资料证据属性及识别分工理论、财务会计错误三要素理论、司法会计科学依据理论、司法会计主体理论、司法会计假定与风险理论、司法会计标准化理论等构成。

（二）司法会计对策理论

司法会计对策理论主要由司法会计检查实务理论构成，包括司法会计检查分类理论、会计检查技术应用理论、司法会计检查基本程序理论、各类诉讼一般司法会计对策理论、各类具体案件的司法会计（检查、检验、鉴定、文证审查）对策理论等。

（三）司法会计鉴定实务理论

司法会计鉴定实务理论主要由司法会计鉴定范围理论、司法会计鉴定基本程序理论、司法会计鉴定的基本方法、技巧与鉴定路线理论、司法会计鉴定证据理论、各类财务会计问题的司法会计鉴定规程理论、司法会计鉴定意见理论、司法会计鉴定人出庭理论等构成。

（四）司法会计师执业实务理论

司法会计师职业理论主要由司法会计师行业理论、司法会计鉴定业务理论、诉讼咨询业务理论、司法会计检查业务理论、司法会计文证审查业务理论、专项检验业务理论、财务数据测算业务理论、出庭质证业务理论，以及非诉讼业务理论等构成。

三、司法会计学科理论构建依据

司法会计学是一门应用法学，因此，在建立司法会计学科体系时应当考虑科学性、法学性两个方面的要求。

所谓科学性，包括：①应由司法会计学科研究的主要理论方面不得有遗漏，理论结构具有完整性；②具体研究对象的内容与相邻学科的相近研究内容应有科学的划分，避免跨学科重复研究；③基础理论与实务理论之间应有科学的衔接，使两者之间能够自圆其说，避免本学科各项研究成果之间自相矛盾。

所谓法学性，包括：①设定的研究对象、研究内容应当在法学问题研究范围内；②涉及司法会计程序理论的研究成果与法学中有关诉讼程序的研究成果相沟通；③涉及技术方法理论的研究成果应当符合法定的诉讼分工。

另外，在根据理论体系设计具体的理论结构时还应考虑到适用性问题，即理论结构的设计，应在符合科学性和法学性的基础上，既要照顾现行司法会计理论

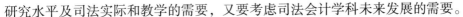

研究水平及司法实际和教学的需要，又要考虑司法会计学科未来发展的需要。

　　司法会计学科理论体系的建立，是有其特定的法律、理论依据和实践基础的。从法律依据讲，根据我国诉讼法律的规定，司法检查与司法鉴定是诉讼任务、诉讼主体、诉讼内容及诉讼结果均不相同的两种诉讼活动，因而在司法会计理论研究方面就需要分别研究其具体的实务理论；从理论依据讲，司法会计检查理论主要阐述发现、收集和固定财务会计资料证据的方法与手段，司法会计鉴定理论主要阐述利用财务会计资料及相关证据，鉴别、判定法律诉讼过程中出现的财务会计问题的方法与手段，司法会计检查理论与司法会计鉴定理论之间有共同的理论基础和密切的联系；从实践基础看，在司法会计实践中，案件调查、检察、审判人员及律师主要需掌握司法会计检查理论，以便于指导其在诉讼中进行查账、查物，而司法会计师及注册会计师则除掌握检查理论外，主要应当需掌握司法会计鉴定理论。

 思考题

1. 司法会计是什么？
2. 司法会计活动的类型有哪些？
3. 如何认识司法会计活动与司法会计师执业活动的关联与区别？
4. 司法会计活动是诉讼中的审计活动吗？
5. 司法会计活动的主体有哪些职业人？
6. 简述司法会计活动中的诉讼关系。
7. 简述司法会计师的执业范围。

第二章　司法会计科学基础

本章教学目标：

　　本章教学的重点和目的，是使学生了解财务、会计的基本原理，能够在概念上明晰财务与会计的不同与关联，为其学习有关财务会计事实及证明理论、操作理论打下基础。

 第一节　财务与会计的概念

一、财务的基本含义

　　经济活动是现代人类最基本的社会活动之一，管理学上将能够用价值表现的经济活动称之为"财务活动"，即财务活动是指能够用价值表现的各种经济活动，这是"财务"一词的基本含义。

　　财务的上述基本含义有两个特征：经济活动、价值表现。

　　1. 财务活动属于经济活动，涉及筹资、生产、分配、流通、消费等各经济领域的各种具体经济活动。

　　财务活动在社会活动类型上归于经济活动的范畴，只有经济活动才能成为财务活动。比如：大学生在学校使用的校园卡，由相关公司生产并租（卖）给学校相关部门，学生使用校园卡前需要充值，然后使用校园卡进行消费（如购买饮食物品、交各种费用等）。校园卡的生产、租（卖）、充值、消费过程都是经济活动。当然，校园卡的使用并非都是经济活动，比如学生持卡到图书馆看书属于学术活动，而非经济活动，也就不属于财务活动。

　　2. 经济活动中能够利用价值来表现的，才被称为财务活动。这里所谓"价值"，是指用货币计量的金额。换句话说，财务活动也可以被解释为能够用货币数量进行计量（或表现）的经济活动。

　　作为社会的自然人，几乎每天都会进行一些财务活动。以大学生为例，除了学习、研究、交友等活动外，还需要进行购买生活用品、买书、买饭、缴纳各种费用等经济活动。这些经济活动都可以用价值进行表示（如买 20 元钱的书），因而都属于财务活动。如果大学生在校创业，还会从事一些与经营有关的财务活动，如购进货物、卖出货物、提供劳务等。

作为社会的一个组织（如企业、事业、国家机关等），也都要需要进行经济活动。企业的经营活动就是财务活动的主要表现，即使一些非企业单位（如大学、机关等），也需要进行采购、基建、支付费用等各种财务活动。

为了方便表述，我们将上述具体从事（或能够从事）各种财务活动的自然人或组织，称之为财务主体。

这里需要强调的是：财务活动是"财务"一词最基本的词义。在没有后缀名词（如"财务管理""财务分析"等）的情况下，"财务"一词仅是指由财务主体实施的财务活动。

二、财务活动引起的资金运动

（一）资产与资金

财务主体进行财务活动，都要先拥有或控制一定的经济资源。这些经济资源可以是有形的（如房屋土地、商品、材料、钞票等），也可以是无形的（如专利、专有技术、土地使用权等）。一个财务主体所拥有或控制的经济资源，会计学上称之为资产。

资产可以用数量表示（如一栋房屋、两件商品、三张百元钞票等），也可以用价值表示，（如 50 万元房屋、3 万元商品、15 元现金、10 万元银行存款等）。当使用价值来表示资产时，经济学上称之为资金。

资金，是对各种资产的价值表示，而资产则是资金的存在形态。资金的具体存在形态主要包括：①货币资金，如各种现金、银行存款或其他存款；②存货资金，如各种材料、商品、低值易耗品等存货；③债权资金，如各种应收（应当收回）、预付（预先支付）、暂付（暂时付出）的债权账项；④房屋、设备等固定资产；⑤专利权、土地使用权等无形资产。

（二）资金运动

财务主体所拥有或控制的资产，因财务活动的存在而处在不断变动之中。由于交易等财务活动引起的资金在形态、数量、价值方面的变动，我们称之为资金运动。以服装生意为例：

买入服装时，生意人用银行卡中的存款买进 2 000 元商品（服装）。这从资金形态看，生意人拥有的银行存款变为了库存商品（服装）；从资金数量看，银行存款减少 2 000 元，库存商品增加了 2 000 元；从资产价值看，资金总量没有发生变化，即其所拥有的总资金额没有发生变化。

然后，生意人在网上卖出服装收回货款 2 400 元。这从资金形态看，库存商品变为了银行存款；从资金数量看，库存商品减少了 2 000 元，银行存款增加 2 400 元；从价值角度看，"库存商品"的价值发生了变化，由 2 000 元增加到 2 400 元。多出的 400 元反映库存商品的增值，是销售商品（服装）中产生的毛利。

　　这笔生意中，还会发生支付采购费用、销售费用、缴纳税金等财务活动。毛利减去这些费用、税金，则形成了这笔服装生意的利润。

　　上例中，由财务活动引起的资金运动表现为：①资金形态的变化（如银行存款、库存商品之间的两次转变）；②各项资产数量的变化（如银行存款先减少 2 000 元，后增加 2 400 元）；③资产价值的变化（如库存商品从采购价值 2 000 元升值为销售价值 2 400 元）。这概括了服装经营者内部发生的资金运动。实际上，两次交易、结算等财务活动，还引起资金在不同财务主体之间的运动，进而形成物流（商品流通）、资金流（货币流通）。比如本例中的物流是指服装由批发商流向生意人，再由生意人流向消费者；资金流则表现为资金由生意人流向批发商，再由消费者流向生意人。这反映了不同财务主体之间的资金运动。

　　（三）财务状况

　　任何一个财务主体所拥有或控制的资产都不是凭空出现的，都有其特定的形成方式、来源，负债和所有者权益则是形成资产的两个来源。

　　一个独立的财务主体，可以通过从其他财务主体那里借债或者欠其他财务主体的债务形成资产，这种形成资产的途径叫做负债。比如前例中，服装生意人如果自己没有资产，他可以从供货商那里赊欠来 2 000 元服装，那么他所拥有的这 2 000 元资产（服装）就是通过欠供货商的资金而形成的，同时会形成其对供货商的现实义务——负债，未来其必须支付 2 000 元资产（货币资金）与供货商结算货款，以清偿这笔债务。负债被清偿后，生意人也就不再拥有这 2 000 元的资产。又比如：企业因经营活动产生了应当上交国家的 300 万元税金，企业在没有与国家结算这笔税金之前，就形成了对国家的负债，这时的企业资产中就有 300 万元因欠国家的税金而存在的，企业一旦（交税）与国家结算了税金，便不再拥有这 300 万元的资产。

　　总结上面的例子可以看出，负债就是财务主体应当负担的债务，它可以形成或增加资产，但需要将来支付一定的资产进行清算（结算），是财务主体需要承担现实义务。由此，负债被定义为：财务主体由过去的交易或事项形成的，将来需要支付资产偿还的现实义务。负债可以具体表现为短期借款、应付票据、应付账款、预收账款、应付职工薪酬、应交税费、应付利润、其他应付款、长期应付款等。

资产形成的另一个重要渠道是所有者权益。企业投资人向企业投资会形成企业的资产，学校所有者（国家、组织、个人）向学校投资，则会形成学校的资产。基于"谁投资谁收益"的原则，当资产产生收益（利润）时，这些收益也归投资人所有。人们将投资者称之为所有者，那么投资人投入的资产以及投入资产所产生的收益资产，就都属于所有者权益。我们也可以换个角度来看所有者权益，即所有者权益是所有者对财务主体净资产的所有权。净资产，是指财务主体拥有和控制的所有资产减去负债形成的那部分资产后的剩余资产。净资产实质上就是有投资人投入的资产及投入资产所产生的收益资产之和，是所有者权益的具体表现。这里需要说明的是，净资产与资产概念不同，它只是从价值角度计算出资产与负债的差额，而不像资产那样表现为各种具体资产。换句话说，净资产只是从价值角度计算出的应当归于所有者的权益，因而会计学上采用所有者权益一词来反映净资产数额。

财务主体的资产，或者形成于负债，或者形成于所有者权益，不存在第三种情形。所以，从价值角度看，资产总额与反映其形成来源的负债总额加所有者权益总额是相等的，或者说是平衡的。用公式表示即：

资产＝负债＋所有者权益[1]

截至某一时点，财务主体的资产、负债、所有者权益的情况，被称之为财务主体的财务状况。换句话说，我们说一个财务主体的财务状况如何，就是看其资产、负债、所有者权益的数额

（四）财务成果

财务成果是指财务主体进行财务活动后形成的效果，具体表现为财务主体在某一时期内取得的收入与支付的费用之间的差额。

财务成果对于从事经营的财务主体（如企业、个体经营户等）而言，称之为利润，用公式表示即：

收入－成本费用＝利润

这里的"利润"如果是正数，仍称之为利润；如果是负数，则称之为亏损。

财务成果对于非从事经营的财务主体（如自然人、机关和非经营事业单位等）而言，则称之为结余。

收入－支出＝结余

这里的"结余"如果是正数，仍称之为结余；如果是负数，则称之为超支。

---

〔1〕 这个公式是由会计学总结出来的，称为会计等式。

三、财务管理

财务主体对其财务活动的启动、过程和结果需要进行管理，这便形成了财务管理活动。例如：学校对校园卡要进行财务管理活动，包括对未发放的校园卡进行保管；对校园卡的充值、消费等财务活动进行会计核算；对校园卡的已用数量、未用数量进行统计；对校园卡的使用、会计核算进行审计等，这些保管、会计核算、统计、审计活动本身不是经济活动，而是经济管理活动。

财务主体对其财务活动进行管理的具体方法（或者说管理工具）包括：会计、统计、财务预测、分析与决策等。其中，会计、统计可以为财务管理提供必需的财务信息，以供财务管理者对财务活动进行分析，就相关财务事项（如投资、筹资、买卖等）进行预测、规划和决策。

这里需要强调的是：财务管理活动属于经济管理活动，其非经济活动本身，也就不是前述"财务"的基本含义——财务活动。从这个意义上讲，是否属于经济活动，是财务活动区别于会计、统计、审计等经济管理活动的基本标志。但是，由于财务管理的对象是财务活动，其分析、监督、控制着相应的财务活动，所以习惯上人们也会将"财务"理解为财务管理活动。[1]

四、会计的基本含义

（一）会计的含义

会计的含义是指会计核算、监督的活动。会计活动，主要是指以货币为主要计量单位，反映和监督经济活动的内容、过程、结果的一种经济管理活动。会计活动通过核算、监督并提供会计信息方式参与管理，是经济管理（财务管理）的重要工具。[2]

我国法律规定会计活动的基本职能包括会计核算和会计监督。其中，会计核算主要是指对经济活动进行反映，而会计监督主要是指对经济活动进行监督。

会计核算是以货币为主要计量单位，连续、系统和全面地反映过去已经发生的经济活动及其成果。会计核算的操作具体表现为记账、算账和报账三个阶段，最终形成一套可靠的反映财务状况、财务成果、现金流量等的会计信息。其中：①记账，是指将一定范围内发生的全部经济交易或事项，运用一定的方法和程序在账簿上予以记载；②算账，是指在记账的基础上，运用一定的程序和方法来计

---

〔1〕 这类误解对于财务、会计实践影响不大，但对于从事司法会计活动则会有明显的影响，有时甚至会影响到司法实务中对财务、会计事实的判断。因此，在研习和实践司法会计活动中，需要明确财务的基本含义，并区别于各种财务管理活动。

〔2〕 这里需要说明的是："会计"的含义是指一种核算和监督经济的社会活动，这与现实中人们把专门从事会计活动的人员简称为"会计"的含义不同。

算经济活动引起的资产、负债、所有者权益等财务状况的变化，以及收入、成本费用（支出）所形成的财务成果；③报账，是指在记账和算账的基础上，通过编制会计报表等方式将财务状况、财务成果、现金流量等向会计信息使用者报出。

会计监督是依据国家的财经法规和财经纪律，连续不断地对经济业务过程和结果进行监督。所有需要进行会计核算事项都属于会计监督的范围。

（二）会计核算的内容

各单位根据国家统一会计制度的要求，在不影响会计核算要求、会计报表指标汇总和对外统一会计报表的前提下，可以根据实际情况自行设置和使用会计科目。

行政事业单位会计科目的设置和使用，应当符合国家统一事业行政单位会计制度的规定。

会计事项，是指应当及时办理会计手续、进行会计核算的交易或事项。按照《会计法》的规定，会计事项包括以下七项：

1. 款项和有价证券的收付。款项是指能作为支付手段的货币资金，包括现金、银行存款及其他货币资金（外埠存款、银行汇票存款、银行本票存款、信用证保证金存款、信用卡存款、在途货币资金、存出投资款等）。有价证券是指表示一定财产拥有权或支配权的证券，如股票、债券（国库券、企业债券、其他债券）等。

2. 财物的收发、增减和使用。财物是财产物资的简称，反映一个单位进行或维持经营管理活动的具有实物形态的经济资源，包括存货（原材料、在产品、半成品、产成品、商品、包装物、低值易耗品）等流动资产及房屋、建筑物、机器、设备、工具、器具等固定资产。

3. 债权、债务的发生和结算。债权是企业收取款项的权利，一般包括各种应收及预付款项。债务是指企业承担的、能以货币计量的、需以资产或劳务偿还的义务，如各种借款、应付及预收款项以及应交款项等。

4. 资本、基金的增减。会计核算中的资本，是指所有者权益中的投资者投入资本；基金，是各单位按照法律、法规的规定而设置或筹集的具有特定用途的专项资金，例如政府基金、社会保险基金、教育基金等。

5. 收入、支出、费用、成本的计算。收入、支出、费用及成本是计算和判断单位财务成果及其盈亏状况的主要依据，因此需要根据国家统一会计制度的规定进行正确核算。

6. 财务成果的计算和处理。财务成果的计算和处理一般包括利润形成和利润分配两个部分。

7. 其他需要办理会计手续、进行会计核算的事项。随着我国经济的不断发展，新的会计业务不断出现，有关会计制度中不可能对所有未来发生的会计事项都有规定，但对这些新出现的会计事项，也必须进行会计核算和反映。

五、财务与会计的基本关系

从上述财务、会计的概念及相关知识可以看出：从财务基本含义看，会计活动反映和监督财务活动；从财务管理角度讲，会计则是财务管理的工具，是财务管理活动之一。这反映了财务与会计的基本关系——既有密切联系而又相对独立的两种不同的社会活动。搞清楚这一点，既有利于研习司法会计基本理论，也有利于司法实践中客观、科学地认识案件中的财务事实和会计事实。

第二节　会计核算原理

一、会计要素、会计账户、会计科目

会计核算的对象主要是资产、负债、所有者权益以及收入、成本费用（支出）、利润（结余）及其变化。这些会计核算的对象被称之为会计要素。根据财务管理的需要，会计要素可以分为两大类，即：反映财务状况的会计要素——资产、负债、所有者权益；反映财务成果的会计要素——收入、成本费用（支出）、利润（结余）。这六类会计要素相互影响，密切联系，全面综合地反映了财务主体的经济活动。

会计对经济交易、事项的核算和监督，是通过确认、计量、披露会计要素来实现的。在会计中，需要根据六类要素的具体形态，划分并形成一系列具体的会计要素（比如上节提到的资产、负债的各种具体表现）。然后采用会计账户分别进行确认、计量，最终采用会计报表进行综合披露。每一账户都有一个名称，代表具体的会计要素，会计学上将反应具体会计要素的账户名称，称之为会计科目。

（一）会计账户的结构

会计账户通常由账户名称（会计科目）、发生额及其变动方向、余额等构成。

从数量变动看，会计事项对会计要素的影响不外乎"增加"和"减少"两个方面。因此，每个账户都会包括两个最基本的部分，分别用来登记"增加"和"减少"。

左方		库存现金	右方	
期初余额	1 500			
本期增加	500		本期减少	1 000
本期发生额	500		本期发生额	1 000
期末余额	1 000			

上述对账户的表述方法，会计学上称之为"丁字账"。会计实务中账户的结构被反映在会计账簿中如图 2-1：

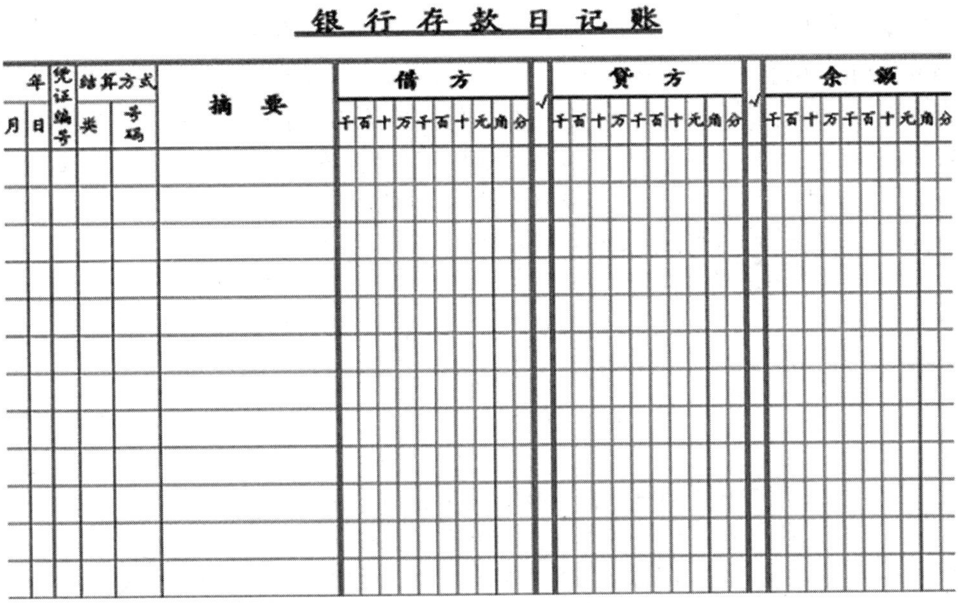

图 2-1　银行存款日记账

在一个账户中一般有期初余额、本期增加额、本期减少额和期末余额四项。一定时期（如一个会计期间）的增加额合计，称为本期增加发生额；一定时期（如一个会计期间）的减少额合计，称为本期减少发生额；本期增加发生额与本期减少发生额相抵后的差额与期初余额的合计，称为期末余额；本期的期末余额转入下期，便是下期的期初余额。它们的关系可以用下列等式表示：

期末余额 = 期初余额 + 本期增加发生额 – 本期减少发生额

每个账户的本期发生额反映的是该会计要素在本会计期内变动的情况，而期末余额则反映变动的结果。

（二）会计科目、会计账户的分类与分级

会计科目按其提供会计信息的详细程度，通常分为总分类科目和明细分类科目。

总分类科目亦称一级科目或总账科目。它是对会计要素的具体内容进行总括分类的账户名称，是进行总分类核算的依据。总分类科目原则上由国家财政部统一制定，以会计核算制度的形式颁布实施。

以企业会计为例，一级会计科目有：[1]

1. 资产类会计科目：库存现金、银行存款、其他货币资金、短期投资、应收票据、应收账款、预付账款、应收股利、应收利息、其他应收款、坏账准备、物资采购、在途物资、原材料、材料成本差异、库存商品、分期收款发出商品、商品进销差价、委托加工物资、包装物、低值易耗品、存货跌价准备、长期股权投资、长期投资减值准备、长期应收款、固定资产、累计折旧、固定资产减值准备、在建工程、工程物资、固定资产清理、无形资产、无形资产减值准备、长期待摊费用、递延所得税、待处理财产损溢等。

2. 负债类会计科目：短期借款、应付票据、应付账款、预收账款、应付工资、应付福利费、应交税金、应付利息、应付股利、其他应付款、长期借款、应付债券、长期应付款、专项应付款、预计负债、递延长税款等。

3. 所有者权益类科目：实收资本（股本）、资本公积、盈余公积、本年利润、利润分配等。

4. 收入、成本费用类科目：主营业务收入、利息收入、其他业务收入、投资收益、营业外收入；生产成本、制造费用、劳务成本；主营业务成本、其他业务支出、主营业务税金及附加、营业费用、管理费用、财务费用、营业外支出、所得税费、以前年度损益调整等。

再以行政事业单位会计为例，一级会计科目有：

现金、银行存款、有价证券、暂付款、库存材料、固定资产；应缴预算款、应缴财政专户款、暂存款、应付工资、应付地方（部门）津贴补贴、应付其他

---

〔1〕 这里展示的是按照《企业会计制度》列示的一级会计科目。目前我国企业执行的会计标准不同，上市企业执行最新的《企业会计准则》，其他企业则可以执行《企业会计制度》。这两个标准在会计科目体系和名称方面存在差异。

个人收入；固定基金、结余；拨入经费、预算外资金收入、其他收入；经费支出、拨出经费、结转自筹基建等。

明细分类科目是对总分类科目所含具体会计要素再做详细分类的会计科目，提供的是更加详细具体的指标。例如，在"应付账款"总分类科目下再按具体单位分设明细科目，具体反映应付哪个单位的货款。

明细分类科目是根据要素对某一总分类科目进行再分类所形成的具体会计科目。明细分类会计科目可以根据核算需要分级设置，形成二级科目、三级科目或更为明细的科目。例如，在"原材料"总分类科目下，可按材料的类别设置二级科目"原材料及主要材料""辅助材料""燃料"；在二级科目下可按材料名称设置三级科目，还可以根据需要分出更为明细的下级科目。例如：材料（一级科目）——原材料及主要材料（二级科目）——钢筋（三级科目）——8#螺纹钢（四级科目）。

会计科目是会计账户的名称，同时也是各单位设置账户的一个重要依据。会计科目的分类与分级，代表相应的会计账户的分类与分级。即：就一个会计核算单位看，其会计科目分为多少类、多少级，其会计账户就随之分为多少类、多少级。

一个单位的各类、各级账户形成了一个单位的账户体系。这个账户体系包括一级账户和各级明细账户，并以会计科目体系的形式予以确定。这个账户体系是相对稳定的，只有在交易或事项需要单独核算时，才会增加新的明细账户。比如："应收账款"是核算已经销售但尚未收回销售货款的业务，应当按照具体的销售对象（单位或个人）名称设置明细账户，如"应收账款——甲单位"。存在多少应收账款的销售对象，就需要设置多少明细账户。如果新增应收 A 单位货款业务，而应收账款原来没有这个明细账户，就需要增加"应收账款——A 单位"这一明细账户，来核算对 A 单位的债权及结算情况。

二、会计记账方法——借贷记账法

会计记账方法分为单式记账法和复式记账法两类。其中，单式记账法是根据需要核算的某一会计要素或某几个无关联的会计要素，记录这些会计要素变化的一种记账方法。家庭、个体户、单位小金库如果进行会计核算，通常采用这种记账方法。

复式记账法是对每一项经济业务发生时所引起的会计要素数量的增减变化，以相等的金额同时在两个或两个以上相联系的账户中进行全面登记的一种记账方法。按照我国会计法规定，会计单位一般应当采用复式记账法。

复式记账法，是通过两个或两个以上相互对应的账户反映一项经济业务。例如：企业用银行存款支付水电费 1 000 元，一方面要在银行存款账户中登记减少数 1 000 元，另一方面还要在有关费用账户下登记增加数 1 000 元。

借贷记账法，是以借贷为记账符号来记录经济业务的一种复式记账法。

（一）记账符号

借贷记账法的记账符号是"借"和"贷"。从账户结构来讲，其左方为借方，右方为贷方，这一规定适用于所有类型的账户。借贷记账法中的"借"和"贷"代表的具体含义，与具体的账户相关：

1. 在不同类型的账户中，分别代表增加和减少。借和贷本身不等于增或减，只有当其与具体类型的账户相结合以后，才可以表示增加或减少。例如，资产类账户，借方表示增加，贷方表示减少；负债类账户、所有者权益类账户，则借方表示减少，贷方表示增加。

2. 表示余额的方向。通常，资产、负债和所有者权益类账户期末都会有余额。其中，资产类的账户的余额通常在借方，负债类、所有者权益类账户的正常余额在贷方。

（二）记账规则

依照借贷记账法的原理，任何经济业务都要以相等的金额在两个或者两个以上相互联系的账户中进行记录。借贷记账法的记账规则，是指运用借贷记账法在账户上记录经济业务引起的会计要素增减变化的法则。

会计事项对会计恒等式影响，无非以下四种情形之一：

1. 资产总量增加，引起资产金额增加的同时，必然引起负债或所有者权益的增加。这对会计恒等式的影响是会引起等式两边同时增加相等的金额。从具体的会计事项来看，投资人投入资本、借入资金、取得营业收入等都能导致这类情形。如：企业收到投资者投入的资本金 50 000 元，存入银行，使得资产和所有者权益同时增加 50 000 元，其中，资产的增加应该登记在资产账户的借方，所有者权益的增加登记在所有者权益的贷方。

2. 资产总量减少，引起资产总额减少的同时，必然引起负债或所有者权益的减少。这对会计恒等式的影响是会引起等式两边同时减少相等的金额。从具体的会计事项来看，向股东或所有者派发股利或利润、向国家缴纳税收、偿还各种借款、支付各项费用等都能导致这类情形。如：以银行存款 60 000 元归还银行短期借款，其中，资产的减少应该登记在资产账户的贷方，负债减少登记在负债账户的借方。

3. 总产总量没有变化，资产形态发生变化，引起一种资产增加或减少的同时，必然引起另一种资产的减少或增加。这对会计恒等式的影响是会引起等式左边一增一减相等的金额。由于资产位于等式的左方，因此，这实际上就是两个资产账户余额的一增一减。如：企业收回销货款 160 000 元，存入银行，其中应收账款账户减少 160 000 元，登记在贷方，银行存款账户增加 160 000 元，登记在借方。

4. 总产总量没有变化，负债或所有者权益发生变化，引起一种负债或所有者权益增加或减少的同时，必然引起另一种负债或所有者的减少或增加。这对会计恒等式的影响是会引起等式右边一增一减相等的金额。会计恒等式右边包括了负债和所有者权益两个要素，从可能变化的形式看，存在四种可能：负债一增一减；所有者权益一增一减；负债减少，所有者权益增加；所有者权益减少，负债增加。如企业向银行借入短期借款 90 000 元直接偿还之前欠远航公司的贷款，其中，应收账款负债类账户减少 90 000 元，登记在借方，短期借款负债类账户增加 90 000，登记在贷方。

综合上述四种类型交易或事项，可以将其对各账户的影响、应借应贷方向、金额列成表 2-1。

表 2-1 四种类型交易或事项所涉及账户及其登记方向

单位：元

经济业务	借方	金额	贷方	金额
类型一	资产类账户	50 000	所有者权益类账户	50 000
类型二	负债类账户	60 000	资产类账户	60 000
类型三	资产类账户	160 000	资产类账户	160 000
类型四	负债类账户	90 000	负债类账户	90 000
合计		360 000		360 000

借贷记账法规则：有借必有贷，借贷必相等。具体讲：

第一，一笔交易或事项发生后，应当同时至少在两个账户中相互联系地进行记录，每一笔交易或事项在记入一个账户的借方和另一个账户的贷方。如果某项交易或事项涉及三个以上的账户时，至少要在一个账户的借方和一个账户的贷方进行登记。这就是所谓"有借必有贷"。

第二，所记入两个账户的金额，借方和贷方必须相等。本期发生的全部交易或事项在进行正常的处理后，记入所有账户借方的发生额合计，应当等于记入所有账户贷方的发生额合计。这就是所谓"借贷必相等"。

（三）会计分录

会计分录，是指按照借贷记账法记账规则的要求，对交易或事项列示应借、应贷的会计科目、方向和金额的一种记录。

参考案例 2 - 1

某企业将现金 15 000 元送存银行，导致库存现金减少 15 000 元，银行存款同时增加 15 000 元，会计分录：

　　借：银行存款　　　　　　15 000

　　　　贷：库存现金　　　　　　　　15 000

会计学理论上编制会计分录时，借方在上，贷方在下，借、贷方科目以及金额相互错开。会计实践中，会计分录则反映在记账凭证中，如图 2 - 2：

付 款 凭 证

贷方科目：库存现金　　　　　　2015 年 12 月 1 日　　　　　　现付字第 1 号

摘　　要	借方总账科目	明细科目	金额							
			十	万	千	百	十	元	角	分
送存银行现金	库存现金			1	5	0	0	0	0	0
合　计			￥	1	5	0	0	0	0	0

财务主管　　　记账　张兰　　　　出纳　马波　　　审核　李毅　　　制单　周明

图 2 - 2　付款凭证

编制会计分录的步骤如下：

1. 确认会计事项的性质，判断应当列入的账户（即确定会计科目）；

2. 确认会计事项引起会计要素变化的方向（增加额还是减少金额），确定列为借方还是贷方；

3. 对交易或事项的内容进行计量，确定记账金额（账户发生额）；

4. 试算平衡，即计算列入借方的金额合计与列入贷方的金额合计是否相等。

参考案例 2 - 2

某快餐店购买其加工食品所需的食用油、面粉、肉、蔬菜等共计 1 200 元，当即以现金付清。对这笔经济业务，我们要先判断它所影响的账户，包括：原材料、库存现金；然后，确定原材料、库存现金是资产类账户；第三步，确定该笔经济业务对各账户的影响，即：原材料增加 1 200 元，应记在借方，而库存现金减少 1 200 元，应记在贷方。这样，可以编制会计分录如下：

借：原材料　　　1 200

　　贷：库存现金　　　1 200

三、账户的试算平衡

为了保证一定时期内所发生的经济业务在账户记录中的正确性，需要在期末对账户记录及核算结果（账户余额）试算平衡。所谓试算平衡，是指根据会计等式的平衡原理，按照记账规则的要求，通过汇总计算和比较，来检查账户记录的正确性、完整性。

采用借贷记账法，由于对任何经济业务都是按照"有借必有贷，借贷必相等"的记账规则记入各有关账户，所以不仅每一笔会计分录借贷发生额相等，而且当一定会计期间的全部经济业务都记入相关账户后，所有账户的借方发生额合计数必然等于贷方发生额合计数；同时，期末结账后，全部账户借方余额合计数也必然等于贷方余额合计数。其借贷平衡可以用下列两个公式表示：

全部账目的借方发生额合计数 = 全部账户的贷方发生额合计数

全部账户期末借方余额合计数 = 全部账户期末贷方余额合计数

试算平衡工作一般是在月末结出各个账户的本月发生额和月末余额后，通过编制总分类账户发生额试算平衡表和总分类账户余额试算平衡表来进行的。

参考案例 2 - 3

甲企业发生经济业务如下：

1. 企业收到国家 100 000 元的投资，款项已存入银行。

该笔经济业务影响的账户包括：银行存款、实收资本。银行存款是资产类账户，银行存款增加 100 000 元，应记入账户的借方；实收资本是所有者权益类账户，实收资本增加 100 000 元，应记入账户的贷方。会计分类如下：

借：银行存款　　　　　100 000

　　贷：实收资本　　　　　100 000

将该笔经济业务对相应账户的影响登记到账户中：

借	银行存款	贷	借	实收资本	贷
（1）100 000				（1）100 000	

2. 企业从银行提取现金 5 000 元备发工资。

该笔经济业务影响的账户包括：库存现金、银行存款。以上两个账户均为资产类账户，库存现金增加 5 000 元，应记入账户的借方；银行存款减少 5 000 元，应记入账户的贷方，会计分录如下：

借：银行存款　　　　　5 000

贷：实收资本　　　　　5 000

将该笔经济业务对相应账户的影响登记到账户中：

借	银行存款	贷		借	实收资本	贷
(2) 5 000				(1) 100 000	(2) 5 000	

3. 企业取得半年期的银行借款 150 000 元，存入银行账户。

该笔经济业务影响的账户包括：银行存款、短期借款。银行存款是资产类账户，银行存款增加 150 000 元，应记入账户的借方；短期借款时负债类账户，短期借款增加了 150 000 元，应记入账户的贷方。会计分录如下：

借：银行存款　　　　150 000

贷：实收资本　　　　150 000

将该笔经济业务对相应账户的影响登记到账户中：

借	银行存款	贷		借	实收资本	贷
		(3) 150 000		(1) 100 000	(2) 5 000	
				(3) 150 000		

4. 企业购入不需要安装的机器设备一台，买家 80 000 元，运杂费 500 元，全部款项已用银行存款支付。

该笔经济业务影响的账户包括：固定资产、银行存款。以上两个账户均为资产类账户，固定资产增加 80 500（80 000＋500）元，应记入账户的借方；银行存款减少 80 500 元，应记入账户的贷方。会计分录如下：

借：固定资产　　　　80 500

贷：银行存款　　　　　80 500

将该笔经济业务对相应账户的影响登记到账户中：

借	银行存款	贷		借	实收资本	贷
		(4) 80 500		(1) 100 000	(2)	5 000
				(3) 150 000	(4)	80 500

以上所列举的四笔经济业务已经编制会计分录、登记相关总分类账户，接下来分别结出各账户本期发生额和期末余额，并编制总分类账户发生额试算平衡表和总分类账户余额试算平衡表，如下：

借	银行存款	贷
（1）　100 000		（2）　　　　5 000
（3）　150 000		（4）　　　80 500
本期发生额 250 000		本期发生额 85 500
期末余额　164 500		

借	库存现金	贷
（1）100 000		（2）　　　5 000
（3）150 000		（4）　　80 500
本期发生额 5 000		
期末余额　5 000		

借	固定资产	贷
（4）　80 500		
本期发生额 80 500		本期发生额 85 500
期末余额　80 500		

借	短期借款	贷
		（3）　　150 000
本期发生额 150 000		
期末余额　150 000		

借	实收资本	贷
		（1）　100 000
		本期发生额 100 000

表2-2　总分类账户发生额试算平衡表

200×年1月31日　　　　　　　　单位：元

	本期发生额	
	借方	贷方
库存现金	5 000	
银行存款	250 000	85 500
固定资产	80 500	
短期借款		150 000
实收资本		100 000
合计	335 500	335 500

表2-3　总分类账户余额试算平衡表

200×年1月31日　　　　　　　　单位：元

	期末余额	
	借方	贷方
库存现金	5 000	
银行存款	164 500	
固定资产	80 500	
短期借款		150 000
实收资本		100 000
合计	250 000	250 000

　　试算平衡只是通过借贷金额是否平衡来检查账户记录是否正确的一种方法，经过试算平衡，如果期初余额、本期发生额和期末余额各栏的借方合计与贷方合计分别相等，则说明账户的记录基本正确；如果借、贷方合计不相等，则说明账户记录有错误，应查明原因并予以更正。

四、会计核算的基本要求

（一）会计分期

　　会计核算需要划分为会计期间，分期结算账目和编制财务会计报告，从而及时地向各方面提供有关单位财务状况、经营成果和现金流量的信息。会计期间分为年度、半年度、季度和月度，均按公历起讫日期确定。半年度、季度和月度均称为会计中期。

我国《会计法》规定，会计年度自公历 1 月 1 日起至 12 月 31 日止。

（二）会计记账本位币

根据我国《会计法》规定，会计核算以人民币为记账本位币。业务收支以人民币以外的货币为主的单位，可以选定其中一种货币作为记账本位币，但是编制的财务会计报告，应当折算为人民币反映。境外单位向国内有关部门编报的财务会计报告应当折算为人民币反映。

（三）会计记录文字

在我国境内所有国家机关、社会团体、公司、企业、事业单位和其他组织的会计记录文字都必须使用中文。

在使用中文的前提下，在民族自治地方可以同时使用当地通用的一种民族文字。中国境内的外商投资企业、外国企业和其他外国经济组织也可以同时使用一种外国文字。

（四）对会计电算化的基本要求

会计电算化是现代企业会计核算的基本手段，是今后会计核算的基本方向。用电子计算机进行会计核算，与手工会计核算，在会计法律上的规定是相同的。实行会计电算化的单位，应当注意以下几方面的规定：

1. 使用电子计算机进行会计核算的，其软件及其生成的会计凭证、会计账簿、财务会计报告和其他会计资料，必须符合国家统一会计制度的规定。

2. 使用电子计算机进行会计核算的，其会计账簿的登记、更正应当符合国家统一会计制度的规定。

3. 实行会计电算化的单位，有关电子数据、会计软件资料等应当作为会计档案进行管理。

（五）会计档案管理

各单位的会计凭证、会计账簿、会计报表和其他会计资料，应当建立档案，妥善保管。会计档案建档要求、保管期限、销毁办法等依据《会计档案管理办法》的规定进行。

第三节　会计核算程序

　　会计核算程序，是指会计核算的具体步骤。这一步骤主要包括审查原始凭证、填制记账凭证、登记账簿、结账、编制财务会计报告（主要指会计报表）。简单地讲，会计核算的日常流程是根据原始凭证编制记账凭证，根据记账凭证登记账簿，根据账户余额或发生额累计编制会计报表，即"证—账—表"，一般情况下，只有当前一个程序完成以后，后一个程序才能开始。

一、审核原始凭证

（一）原始凭证的概念

　　原始凭证是在交易或事项发生时取得或填制的，用于证明交易或事项的发生、完成情况，并作为记账原始依据的凭证，记录交易事项的发票、收据、银行票据等财务凭证，是原始凭证的主要类型。原始凭证按其形成来源不同，可以分为自制原始凭证和外来原始凭证两类。

（二）原始凭证的内容

　　由于各项交易或事项的内容和经济管理的要求不同，各个原始凭证的名称、格式和内容也是多种多样的。但是，所有的原始凭证（包括自制的和外来的凭证）都是作为经济业务的原始证据，必须详细载明有关经济业务的发生和完成情况，明确经办单位和人员的经济责任。因此，各种原始凭证都具有一些共同的基本内容，主要有：

　　1. 原始凭证的名称；

　　2. 填制凭证的日期；

　　3. 填制凭证单位名称或者填制人姓名；

　　4. 经办人员的签名或者盖章；

　　5. 接受凭证单位名称；

　　6. 经济业务内容；

　　7. 数量、单位和金额。

（三）原始凭证的审核

　　对原始凭证应具体审核以下几方面的内容：

　　1. 审核原始凭证的真实性，其主要是依据实际发生的交易或事项。涉及货币资金收支的，审核实际收支的资金与填制或取得的原始凭证是否一致；涉及转账业务的，审核转账的依据、方法、金额是否符合国家统一会计制度的规定。

2. 审核原始凭证的合法性，即审核原始凭证的形式和应用是否符合法律、法规规定。例如：填制、取得的各种专用或者普通发票应当有税务部门的监制印章；填制、取得的各种收据，应当有财政部门的监制印章；未经批准印制或购买的票据，只能用于单位内部管理使用，不得对外提供或用于法律、法规不允许使用的交易或事项中。

3. 审核原始凭证的准确性，一方面核对原始凭证所记录内容与实际发生的交易或事项是否一致，避免虚假票据；另一方面核对原始凭证所记录的各项内容是否准确。

4. 审核原始凭证的完整性，主要是核对实际发生的交易或事项过程中应当产生的原始凭证是否齐全，还应核对实际发生的交易或事项过程中各环节的经办人、负责人是否按规定签字盖章。

二、填制记账凭证

（一）记账凭证的概念

记账凭证，是指由会计人员编制的，记录会计分录等事项，并作为登记账户依据的会计凭证。记账凭证的类型包括：

1. 通用记账凭证，即所有业务类型采用同一类型的记账凭证。

2. 三类记账凭证，即按业务类型分为收款凭证、付款凭证和转账凭证。

3. 五类记账凭证，即按业务类型分为现金收款凭证、现金付款凭证、银行收款凭证、银行付款凭证、转账凭证。

会计人员应当根据审核无误的原始凭证填制记账凭证。

（二）记账凭证的基本内容

记账凭证包括以下基本内容：

1. 填制凭证的日期；

2. 凭证编号；

3. 经济业务摘要；

4. 会计科目的名称、记账方向和金额；

5. 所附原始凭证张数；

6. 填制凭证人员、稽核人员、记账人员、会计机构负责任、会计主管人员签名或者盖章。收款和付款记账凭证还应当由出纳人员签名或者盖章。

有些单位（如银行）以自制的原始凭证或者原始凭证汇总表代替记账凭证的，其凭证内容也必须具备记账凭证应有的项目。

（三）记账凭证的填制

1. 记账凭证日期应以财会部门受理会计事项的日期为准。年、月、日应写全。

2. 填制记账凭证时，应当对记账凭证进行连续编号。编号时，可以按凭证总顺序编号，也可按凭证类别顺序编号。无论采用哪种方法编号，都应当按月进行顺序自然编号。

3. 填制记账凭证摘要，应简明扼要，说明问题。

4. 填制会计科目内容、记账方向及金额。

5. 除结账和更正错误的记账凭证可以不附原始凭证外，其他记账凭证必须附有原始凭证，并注明所附原始凭证的张数。

6. 记账凭证填写完毕后，应当按照规定进行审核并作为登记会计账簿的依据。审核后，应由制单、审核、出纳、记账、会计主管等人员在相关位置上签名或盖章。

7. 实行会计电算化的单位，对于机制记账凭证，也应当符合国家统一会计制度的规定。

如果在填制记账凭证时发生错误，应当重新填制。

三、登记会计账簿及结账

登记账簿是以会计凭证为依据，在账簿上连续地、系统地（分门别类地）、完整地记录经济业务的会计方法。由于会计凭证对经济业务的记录是分散的，每一张记账凭证通常只反映一项经济业务，通过账簿登记和结算，可以得到系统化的核算资料。

（一）依法建账

各单位应当按照《会计法》和国家统一会计制度的规定，根据会计业务的需要设置会计账簿。会计账簿包括总账、明细账、日记账和其他辅助性账簿。

总账是按照总分类账户分类登记全部经济业务的账簿。在总分类账中，应按照会计科目的编码顺序分别开设账户，由于总分类账一般采用订本式账簿，所以事先应为每个账户预留若干账页。

明细账是用来分类登记经济业务的账簿，一般采用活页式账簿。各种明细账是根据实际需要，分别按照二级科目或明细科目开设账户，用来分类、连续地记录有关资产、负债和所有者权益及收入、费用和利润（或亏损）的详细资料。

各单位都应设置现金日记账和银行存款日记账，用于序时核算现金和银行存款的收入、付出和结存情况，借以加强对货币资金的管理。现金日记账和银行存款日记账必须采用订本式账簿。不得用银行对账单或者其他方法代替日记账。

其他辅助账簿也称备查账簿，是为备忘备查而设置的。在实际会计实务中，主要包括各种租借设备、物资的辅助登记或有关应收、应付款项的备查簿，担保、抵押备查簿等。

实行会计电算化的单位，用计算机打印的会计账簿必须连续编号，经审核无误后装订成册，并由记账人员和会计机构负责人、会计主管人员签字或者盖章。

（二）会计账簿的登记

按照《会计法》规定，各单位发生的各项交易或事项应当在依法设置的会计账簿上统一登记、核算，不得违反本法和国家统一会计制度的规定私设会计账簿登记、核算。

会计人员应当根据审核无误的会计凭证登记会计账簿。登记账簿及结账的基本要求是：

1. 登记会计账簿时，应当将会计凭证日期、编号、业务内容摘要、金额和其他有关资料逐项记入账内，做到数字准确、摘要清楚、登记及时、字迹工整。

2. 登记完毕后，要在记账凭证上签名或者盖章。并注明已经登账的符号，表示已经记账。

3. 账簿中书写的文字和数字上面要留有适当空格。不要写满格，一般应占格距的1/2。书写阿拉伯数字，字体要自右上方斜向左下方，有倾斜度。

4. 登记账簿要用蓝黑墨水或者碳素墨水书写，不得使用圆珠笔（银行的复写账簿除外）或者铅笔书写。

5. 各种账簿按页次顺序连续登记，不得跳行、隔页。如果发生跳行、隔页，应当将空行、空页的金额栏由右上角向左下角用红笔划一条对角斜线注销，同时要在摘要栏内注明"此行空白""此页空白"字样，并由会计人员和会计机构负责人（会计主管人员）压线盖章。

6. 凡需要结出余额的账户，结出余额后，应当在"借或贷"栏内写明"借"或者"贷"等字样。没有余额的账户，应当在"借或贷"等栏内写"平"字，并在余额栏内元位上用"0"表示。现金日记账和银行存款日记账必须逐日结出余额。

7. 每一账页登记完毕结转下页时，应当结出本页合计数及余额，写在本页最后一行和下页第一行有关栏内，并在摘要栏内注明"过次页"和"承前页"字样；也可以不做"过次页"，将本页合计数及余额只写在下页第一行有关栏内，并在摘要栏内注明"承前页"字样。

8. 实行会计电算化的单位，总账和明细账应当定期打印。

发生收款和付款业务的，在输入收款凭证和付款凭证的当天必须打印出现金日记账和银行存款日记账，并与库存现金核对无误。

在记账过程中，如果账簿记录发生错误，不准涂改、挖补、刮擦或者用药水清除字迹，不准重新抄写，必须依法进行更正。

四、编制财务会计报告

（一）财务会计报告的概念

财务会计报告是以日常核算资料为主要依据编制的，用来向有关各方面及国家有关部门提供单位在某一特定日期财务状况和某一会计期间经营成果、现金流量的文件。

财务会计报告包括会计报表、会计报表附注和财务情况说明书。

1. 会计报表。会计报表是财务会计报告的主要组成部分。它是根据日常会计核算资料，按照规定的报表格式，总括反映一定会计期间的经济活动和财务收支情况及其结果的一种报告文件。

会计报表主要包括：资产负债表、利润表、现金流量表及各种附表。资产负债表是反映各单位某一特定日期财务状况的会计报表；利润表是反映各单位一定期间生产经营成果的会计报表；现金流量表反映各单位一定期间内现金的流入和流出，表明其获得现金和现金等价物的能力。这三张报表是基本报表，它们所反映的是财务会计报告使用者共同关心的一些信息。有关附表主要包括利润分配表、股东权益增减变动表等。

表 2 - 4 资产负债表

编制单位：　　　　　　　　　　年　月　日　　　　　　　　单位：元

资产	年初数	年末数	负债和所有者权益	年初数	年末数
流动资产：			流动负债：		
货币资金		1 406 300	短期借款		300 000
交易性金融资产		15 000	交易性金融负债		0
应收票据		246 000	应付票据		200 000
应收账款		299 100	应付账款		953 800
预付账款		100 000	预收款项		0
应收股利		0	应付职工薪酬		110 000
应收利息		0	应交税费		36 600
其他应收款		5 000	应付股利		50 000

续表

资产	年初数	年末数	负债和所有者权益	年初数	年末数
存货		2 580 000	其他应付款		1 000
一年内到期的非流动资产		0	一年内到期的非流动负债		900 000
其他流动资产		0	其他流动负债		0
流动资产合计		4 651 400	流动负债合计		2 551 400
非流动资产：			非流动负债：		
可供出售金融资产		0	长期借款		600 000
持有至到期投资		0	应付债券		0
长期应收款		0	长期应付款		0
长期股权投资		250 000	专项应付款		0
投资性房地产		0	预计负债		0
固定资产		1 100 000	其他非流动负债		0
工程物资		0	非流动负债合计		600 000
在建工程		1 500 000	负债合计		3 151 400
固定资产清理		0	所有者权益		
无形资产		600 000	股本		5 000 000
开发支出		0	资本公积		0
长期待摊费用		200 000	盈余公积		100 000
其他非流动资产		0	未分配利润		50 000
非流动资产合计		3 650 000	所有者权益合计		5 150 000
资产总计		8 301 400	负债和所有者权益总计		8 301 400

表2-5　利润表

编制单位：　　　　　　　　　　　　年度　　　　　　　　　　　单位：元

项目	本期数	上期数
一、营业收入	1 250 000	
减：营业成本	750 000	
营业税金及附加	2 000	
销售费用	20 000	
管理费用	158 000	
财务费用	41 500	
资产减值损失	0	
加：公允价值变动收益	0	
投资收益	31 500	
二、营业利润	310 000	
加：营业外收入	82 000	
减：营业外支出	54 700	
三、利润总额	337 300	
减：所得税费用	84 325	
四、净利润	252 975	
五、每股收益		
（一）基本每股收益		
（一）稀释每股收益		

表2-6 现金流量表

编制单位： 年度 单位：元

项目	行次	金额
一、经营活动产生的现金流量：		
销售商品、提供劳务收到的现金	1	1 324 500
收到的税费返还	3	0
收到的其他与经营活动有关的现金	8	0
现金流入小计	9	1 324 500
购买商品、提供劳务支付的现金	10	392 266
支付给职工以及为职工支付的现金	12	300 000
支付的各项税费	13	204 399
支付的其他与经营活动有关的现金	18	70 000
现金流出小计	20	966 665
经营活动产生的现金流量净额	21	375 835
二、投资活动产生的现金流量：		
收回投资所收到的现金	22	16 500
取得投资收益所收到的现金	23	30 000
处置固定资产、无形资产和其他长期资产所收回的现金净额	25	300 300
收到的其他与投资活动有关的现金	28	0
现金流入小计	29	346 800
构建固定资产、无形资产和其他长期资产所支付的现金	30	451 000
投资所支付的现金	31	0
支付的其他与投资活动有关的现金	35	0
现金流出小计	36	451 000
投资活动产生的现金流量净额	37	- 104 200

续表

项目	行次	金额
三、筹资活动产生的现金流量：		
吸收投资所收到的现金	38	0
取得借款所收到的现金	40	400 000
收到的其他与筹资活动有关的现金	43	0
现金流入小计	44	400 000
偿还债务所支付的现金	45	1 250 000
分配股利、利润和偿付利息所支付的现金	46	12 500
支付的其他与筹资活动有关的现金	52	0
现金流出小计	53	1 262 500
筹资活动产生的现金流量净额	54	−862 500
四、汇率变动对现金的影响	55	0
五、现金及现金等价物净增加额	56	−590 865

2. 会计报表附注。它是对会计报表的补充说明，也是财务会计报告的重要组成部分。会计报表附注主要包括两项内容：一是对会计报表各要素的补充说明；二是对那些会计报表中无法描述的其他财务信息的补充说明。

3. 财务情况说明书。财务情况说明书是对单位一定会计期间内财物、成本等情况进行分析总结的书面文字报告，也是财务会计报告的重要组成部分。财务情况说明书全面提供单位生产经营、业务活动情况，分析总结经济业绩和存在的不足，是财务会计报告使用者，特别是单位负责人和国家宏观管理部门了解和考核有关单位生产经营和业务活动开展情况的重要资料。

（二）财务会计报告的编制

各单位对外报送的财务会计报告，应当根据国家统一会计制度规定的格式和要求编制。单位内部使用的财务会计报告，其格式和要求由各单位自行规定。

1. 财务会计报告的编制依据。会计报表应当根据登记完整、核对无误的会计账簿记录和其他有关资料编制。依据经过审核的会计账簿和有关资料编制财务会计报告，是保证财务会计报告质量的重要环节。

2. 财务会计报告的编制要求。

（1）会计报表必须做到数字真实、计算准确、内容完整、说明清楚。任何人不得篡改或者授意、指使、强令他人篡改会计报表的有关数字。

（2）会计报表之间、会计报表各项目之间，凡有对应关系的数字，应当相互一致。本期会计报表与上期会计报表之间有关的数字应当相互衔接。如果不同会计年度会计报表中各项目的内容和核算方法有变更的，应当在年度会计报表中加以说明。

（3）会计报表附表及其说明的编写应当按照国家统一会计制度的规定进行，做到项目齐全、内容完整。

（4）财务会计报告的对外报送应当按照国家规定的期限。对外报送的财务会计报告，应当依次编定页码，加具封面，装订成册，加盖公章。封面上应当注明：单位名称、统一代码、组织形式、地址、报表所属年度或者月份、报出日期，并由单位负责人和主管会计工作的负责人、会计机构负责人（会计主管人员）签名并盖章；设置总会计师的单位，还应当有总会计师签名并盖章。单位负责人应当保证财务报告的真实、完整。

如果发现对外报送的财务会计报告有错误，应当及时办理更正手续。除更正本单位留存的财务会计报告外，并应同时通知接受财务会计报告的单位更正。错误较多的，应当重新编报。

五、经济业务核算实例

根据北京兴达实业公司 2015 年 12 月份发生的部分经济业务进行账户处理。

（一）业务 1

收到汇通公司发来的 A 原材料 500 千克，单价 120 元，价款共计 60 000 元，增值税进项税 10 200 元。该批材料已于上月支付定金 50 000 元，余额开出转账支票付讫。原材料已验收入库。

1. 根据增值税专用发票、运费发票编制转账凭证。

原始凭证：增值税专用发票。

北京市增值税专用发票
发票联

开票日期：2015 年 12 月 1 日

购货单位	名称	北京市兴达实业有限责任公司	纳税人登记号	110123456654321
	地址、电话	北京市长桥路 8 号 86091234	开户银行及账号	工行西四分理处 61098878934

续表

货物或应税劳务名称	计量单位	数量	单价	金额								税率(%)	税额						
				十	万	千	百	十	元	角	分		万	千	百	十	元	角	分
A 材料	千克	500	120		6	0	0	0	0	0	0	17	1	0	2	0	0	0	0
合计				¥	6	0	0	0	0	0	0		1	0	2	0	0	0	0

计税合计（大写）	拾柒万零仟零佰零拾零元零角零分　　　¥：70 200.00		
销货单位	名称	北京汇通公司	纳税人登记号	110107562853419
	地址、电话	北京海淀区 10 号 82329898	开户银行及账号	工行学院办事处 616511668800

销货单位（章）：　　　收款人：　　　复核：　　　开票人：王一

图2-3　增值税专用发票

记账凭证：转账凭证。

转 账 凭 证

2015 年 12 月 1 日　　　　　　　　　　　　　　　　　　转字第 1 号

摘　要	总账科目	明细科目	√	金额									金额							
				十	万	千	百	十	元	角	分		十	万	千	百	十	元	角	分
收到购入原材料	物资采购	原材料	√		6	0	0	0	0	0	0									
	应交税费	应交增值税	√		1	0	2	0	0	0	0									
	预付账款											√		7	0	2	0	0	0	0
合计				¥	7	0	0	2	0	0	0		¥	7	0	0	2	0	0	0

财务主管　李天　　　记账　张伟　　　出纳　　　审核　汪洋　　　制单　周明

图2-4　转账凭证

2. 根据转账支票存根，编制付款凭证。

原始凭证：转账支票存根。

中国工商银行　　　　　　　　　　　　转账支票存根

支票号码　　　　　　　　NO　14434521

科　　目：_____

对方科目：_____

签发日期：2015 年 12 月 1 日

收款人：北京汇通公司
金额：202 000.00
用途：补付 A 材料款
备注：

单位主管　　　　　　　　会计

复核　　　　　　　　　　记账

图 2-5　转账支票存根

记账凭证：付款凭证。

付　款　凭　证

贷方科目：银行存款　　　　　　　　2015 年 12 月 1 日　　　　　　　　银付字第 1 号

摘　要	借方总账科目	明细科目	金额 √	√							
			√	十	万	千	百	十	元	角	分
补付购材料款	预付账款				2	0	2	0	0	0	0
合计				¥	2	0	2	0	0	0	0

财务主管　　　记账　张兰　　　　出纳　马波　　　　审核　李毅　　　　制单　周明

图 2-6　付款凭证

（二）业务 2

收到东方公司追加投资 58 万元，已办理银行进账手续，按照公司增值决议中约定比例计算，其在注册资本中所占的份额为 50 万元。

根据银行进账单回单、工商企业资金往来专用发票副联，编制银行存款收款凭证。

原始凭证：银行进账单回单。

中国工商银行进账单（回单或收款通知）

交款日期　2015 年 12 月 2 日　　　　　　　　　　　　　　第 017 号

付款人	全称	东方公司	收款人	全称	北京兴达实业有限公司										
	账号	21120011652		账号	61098878934										
	开户银行	工商银行劲松支行		开户银行	工行西四分理处										
人民币（大写）：伍拾捌万元整					千	百	十	万	千	百	十	元	角	分
						¥	5	8	0	0	0	0	0	0
票据种类　转账支票														
票据张数　1				收款人开户银行盖章										
单位主管　　会计　　复核　　记账														

图 2 - 7　银行进账单回单

原始凭证：工商企业资金往来专用发票副联。

北京市工商企业资金往来专用发票

客户名称：东方公司　　　　　支票号：1634141478　　　　　　京国税

往来项目	单位	数量	单价	金额										此发票适用范围
				千	百	十	万	千	百	十	元	角	分	
投资款项					5	8	0	0	0	0	0	0		本发票由在本市的工商企业发生除商品销售，提供加工以外的资金往来时使用。如：预收款、借款等。
小写金额合计					¥	5	8	0	0	0	0	0	0	
大写金额	伍拾捌万元整													

开票公司：兴达实业公司　　　　　开票人：王红　　　　　2015 年 12 月 2 日

图 2 - 8　工商企业资金往来专用发票副联

记账凭证：收款凭证。

收　款　凭　证

借方科目：银行存款　　　　　　2015 年 12 月 1 日　　　　　　银收字第 1 号

摘要	贷方总账科目	明细科目	√	金额									
				千	百	十	万	千	百	十	元	角	分
收东方公司追加投资	实收资本	东方公司	√			5	0	0	0	0	0	0	0
	资本公积	资本溢价	√			8	0	0	0	0	0	0	0
合计					¥	5	8	0	0	0	0	0	0

财务主管　　　　　记账 张宏　　　　出纳 马波　　　审核 李芸　　　制单 周明

图 2-9　收款凭证

（三）业务 3

从银行提取现金 3 500 元备用。根据现金支票存根，编制付款凭证。

原始凭证：现金支票存根。

中国工商银行　　　现金支票存根
05421116

科　　　目：＿＿＿＿＿＿

对方科目：

签发日期：2015 年 12 月 1 日

收款人：北京兴达实业有限责任公司
金额：3 500.00
用途：备用
备注：

单位主管　　会计

图 2-10　现金支票存根

记账凭证：付款凭证。

贷方科目：银行存款　　　　　2015 年 12 月 1 日　　　银付字第 9 号

摘　要	借方总账科目	明细科目	√ 　√	金额						
				十	万	千	百	十	元	角	分
提现	现金					3	5	0	0	0	0
合计					¥	3	5	0	0	0	0

财务主管　　　　记账 张兰　　　　出纳 马波　　　　　审核 李毅　　　制单 周明

图 2-11　付款凭证

（四）业务 4

应收通达公司销货款 112 300 元，因对方企业破产，已证实无法收回，经上级部门批准予以注销。

1. 根据坏账损失确认通知，编制转账凭证。

原始凭证：坏账损失确认通知。

坏账损失确认通知
2015 年 12 月 16 日

　　应收通达公司款项 112 300 元已超过三年，向公司领导报批，经批准确认该款项已无法收回，予以注销。

　　　　　　　　　　　　　　　总经理：李倩　　　　　　会计主管：刘军
　　　　　　　　　　　　　　　2015 年 12 月 16 日　　　2015 年 12 月 16 日

图 2-12　坏账损失确认通知

记账凭证：转账凭证。

转 账 凭 证

2015 年 12 月 16 日　　　　　　　　　　　　　　　转字第 2 号

摘要	总账 科目	明细 科目	√	金额									√	金额								
				十	万	千	百	十	元	角	分		十	万	千	百	十	元	角	分
注销 还账	坏账准备		√	1	1	2	3	0	0	0	0									
	应收账款	通达公司										√	1	1	2	3	0	0	0	0
合计			¥	1	1	2	3	0	0	0	0	¥	1	1	2	3	0	0	0	0

财务主管　李天　　　　记账　张伟　　　出纳　　　　审核　汪洋　　　制单　周明

图 2-13　转账凭证

2. 根据上述所做账务处理，登记账簿，结出各账户的发生额和余额。

<table>
<tr><td colspan="2" align="center">现金</td><td colspan="2" align="center">物资采购</td></tr>
<tr><td>期初：3 600</td><td></td><td>期初：</td><td></td></tr>
<tr><td>本期：3 500</td><td></td><td>本期：60 000</td><td></td></tr>
<tr><td>期末：7 100</td><td></td><td>期末：60 000</td><td></td></tr>
</table>

<table>
<tr><td colspan="2" align="center">银行存款</td><td colspan="2" align="center">应收账款</td></tr>
<tr><td>期初：　804 018.36</td><td></td><td>期初：304 800</td><td></td></tr>
<tr><td>本期：　556 300</td><td></td><td></td><td>本期：112 300</td></tr>
<tr><td>期末：1 360 318.36</td><td></td><td>期末：192 500</td><td></td></tr>
</table>

<table>
<tr><td colspan="2" align="center">应交税费——应交增值税</td><td colspan="2" align="center">实收资本</td></tr>
<tr><td>期初：30 058</td><td>期初：</td><td>期初：4 800 000</td><td></td></tr>
<tr><td>本期：10 200</td><td></td><td>本期：　50 000</td><td></td></tr>
<tr><td>期末：40 258</td><td></td><td>期末：5 300 000</td><td></td></tr>
</table>

<table>
<tr><td colspan="2" align="center">预付账款</td><td colspan="2" align="center">资本公积</td></tr>
<tr><td>期初：140 000</td><td></td><td>期初：100 000</td><td></td></tr>
<tr><td></td><td>本期：50 000</td><td>本期：　80 000</td><td></td></tr>
<tr><td>期末：　90 000</td><td></td><td>期末：180 000</td><td></td></tr>
</table>

坏账准备	
	期初：148 395
	本期：112 300
	期末：260 695

第四节 司法会计活动的科学性

法庭科学揭示了事物的特定性与相对稳定性规律，并以此作为法庭科学的依据。事物的特定性，是指一事物具有区别于他事物的特征，这使得一事物能够与他事物相区别，进而为鉴别事物提供了科学的基础；事物的相对稳定性，是指事物的特征在一定期间内保持不变的属性，这为人们认识事物的特征提供了条件。科学的基础和条件，构成了法庭科学的基本原理。那么，作为司法会计活动对象的财务会计活动是否具备特定性和相对稳定性呢？如果具备，则说明司法会计活动具有科学性。

一、财务特性

财务特性，即财务的特殊属性，主要是指价值运动的规律性和财务关系的相对稳定性。

（一）价值运动的规律性

价值运动的规律性，是指价值运动的过程及结果具有一定的客观规律的属性。财务活动中，各项价值之间在发生变化（价值运动）以前具有数量上的（静态）平衡关系。价值运动的过程，会使具体的价值发生增减变化，但这种变化本身也表现为一种价值上的（动态）平衡关系，所以，价值运动是在价值平衡关系的前提下进行的，其运动过程中的任意环节表现为价值变化的平衡关系，在价值运动结束，不同价值之间仍然会保持着量的（静态）平衡关系（只是某些价值的金额较运动前发生了变化）。因此，价值运动的规律可以概括为：各项价值之间具有量的平衡关系，价值运动过程中的某一环节也会表现为量的平衡关系，价值运动的结果将形成新的量的平衡关系。

价值的平衡关系包括静态平衡关系和动态平衡关系两类。

1. 价值的静态平衡关系。价值的静态平衡关系，是指价值运动过程中相对静止的某一时刻表现出的价值量的平衡关系。它主要表现为对应平衡关系和从属平衡关系。其中，对应平衡关系是最基本的价值平衡关系，主要由会计等式予以表示；价值的从属平衡关系则表现为下列公式：

资产总额 = 各项资产额合计

负债总额 = 各项负债额合计

净资产总额 = 接受资本额合计 + 留存收益额合计

2. 价值的动态平衡关系。价值的动态平衡关系，是指价值在某一运动过程中所表现出的平衡关系。它主要体现了价值在运动过程中所发生的变化都是相对平衡进行的，并反映了经济业务对价值静态平衡关系具体内容的影响。主要表现为财务成果的形成规律，即：

财务收入 – 财务支出（成本、费用及税金） = 财务成果（利润或亏损）总额

（二）财务关系的相对稳定性

财务关系的相对稳定性，是指财务关系的某些方面，在一定时期内保持不变的特性。

财务关系的相对稳定性，主要表现在以下三个方面：

1. 财务关系中的某些主体是相对稳定的。财务关系的主体，通常是根据法律或合同产生的。法律及合同的相对稳定性，决定了财务主体的相对稳定性。例如：企业与税务机关具有财务关系——纳税与征税的关系，这种关系由法律规定，通常情况下，税务机关对辖属的企业进行征税以及企业向驻地税务机关纳税的财务关系具有相对稳定性，在企业驻地未发生变化或法律规定的税种没有发生变化的期间内，这种财务关系的主体是相对稳定的。

2. 财务关系被设定后，其内容也是相对稳定的。确定财务关系内容的法律依据主要是财经法规、制度、命令或经济合同。财务关系的内容一经依法或依据合同设定后，除遇特定（或特殊）情况外，通常不会被随意改变。例如：企业的供应商是通过合同约定的，如果企业没有发生合同规定的特定情形，供应商在合同存续期间所提供的商品不会发生变化。

3. 财务关系的处理方式与处理方法，在一定的时期内也会保持不变。财务关系的处理方式与处理方法，主要是指对各种投资、款项拨付、商品或劳务的提供与获取、货款结算及经济分配等财务关系的处理方式与处理方法。这些方式与方法，有的是由经济文件所确定的，有的则是延续的传统习惯，所以，通常也具有一定的稳定性。例如：财务主体向职工发放工资，如果形成了向职工的储蓄卡转账发放工资的习惯，在一定时期内会一直采用这种发放工作的方法。

二、会计特性

会计特性，即会计的特殊属性，主要指会计核算方法的特定性和会计核算的相对稳定性。

（一）会计核算方法的特定性

会计核算方法的特定性，是指会计核算方法具有特定的核算内容、账户结构、处理事项和记账方法的特性。

会计的这一特性存在于各种会计核算方法之中。例如：

1. 会计账户核算内容的特定性。会计账户核算内容的特定性反映为账户与其所核算和监督的会计要素之间的一致性。即：特定的账户只能核算和监督特定的会计要素，而特定的会计要素也只能采用特定的账户予以核算和反映。这是因为会计账户的核算内容是由会计标准所规定，"库存现金"账户只能用于核算会计主体的现金收入、现金支付和现金结存业务，不能核算其他内容。

2. 会计账户结构的特定性。会计账户结构的特定性，是指会计账户都是由账户名称、借方发生额、贷方发生额和余额等构成，其中，余额包括期初余额和期末余额。同时，核算不同类型经济业务的会计账户的结构也具有特定性。

3. 会计处理事项的特定性。会计处理事项的特定性，是指每一具体的会计处理事项都包含了特定的会计科目、记账方向和记账金额。会计处理事项的这一特定组成结构，决定了会计处理与其所反映的财务业务类型的一致性。即：特定的会计处理只能核算和监督特定类型的财务业务，而特定的财务业务也只能采用具有特定构成的会计处理予以核算和反映。

4. 会计记账方法的特定性。会计记账方法的特定性，是指会计记账方法都有其特定的记账原理、记账符号和记账规则。本章所述借贷记账法就是由特定的记账规则所构成。

从上述所列会计核算方法特定性的具体表现可以看出，会计核算方法的特定性，决定了各种具体的会计核算方法与其核算对象之间具有特定的同一关系。

（二）会计核算的相对稳定性

会计核算的相对稳定性，是指会计核算的基本特征在一定时期内保持不变的特性。

会计核算的这一特性主要表现在账户体系、会计程序、记账方法、记账基础、成本核算方法、核算习惯等五个方面。

1. 会计主体设置的账户体系相对稳定。会计账户体系由会计账户的类型、级别构成，会计主体在确定会计科目、各账户的级别后，在一定的时期内保持不变。

2. 会计主体设置的会计程序相对稳定。会计程序是指从审核原始凭证、编制记账凭证、记账、编制会计报表的具体工作程序。会计主体在设置具体的会计程序后，在一定时期内保持不变。

3. 会计主体采用的记账方法相对稳定。会计主体在选定其所使用的记账方法后，在数年内甚至数十年内会保持不变。

4. 会计主体采用的记账基础相对稳定。记账基础包括权责发生制和收付实现制两类。通常情况下，进行成本核算的单位（如企业）采用权责发生制；不进行成本核算的单位（如机关）则采用收付实现制，并保持不变。

5. 会计主体选用的成本核算方法相对稳定。成本核算有多种方法可供会计主体选择，会计主体选择其中一种成本核算方法后，至少会连续使用一年以上。

6. 会计主体的核算习惯相对稳定。会计核算习惯，是指会计主体在进行会计核算中所形成的各种习惯。如，会计凭证的编号习惯、记账错误的更正习惯、特定业务的会计处理习惯、特殊账项的标定习惯以及结账、对账的处理习惯等。这些习惯一旦形成以后，无论正确与否，都会在一定的时期内保持不变。

三、司法会计的科学依据

财务与会计所具备的上述特性，是司法会计主体能够开展各项司法会计活动的客观基础和条件，是进行司法会计活动的科学依据。

1. 价值运动的规律性和会计核算方法的特定性，为司法会计主体分析和判断涉案财务会计事实奠定了客观基础。

第一，价值运动的规律性为司法会计主体利用价值形式来分析诉讼涉及单位的财务状况，判断涉案财务业务对相关财务状况及财务成果所产生的影响，提供了科学的依据。例如：利用对应平衡关系，当司法会计主体在获取资产、负债、净资产中的任何两个数据后，都可以科学地推断出第三个数据。

第二，会计核算方法的特定性为司法会计主体分析会计业务的构成，判断会计业务真实、正确、合规与否提供了客观标准。如果没有这一特定性，也就无法判断后两种情形是否正确。

事实上，会计核算方法的特定性是由价值运动的规律性所决定的，因此，司法会计主体也可以根据价值运动的规律性单独确定某一财务状况或财务后果，然后与会计资料中有关财务状况或财务后果的核算结果进行比较，也可以判断会计处理结果是否正确和真实。

2. 财务关系的相对稳定性和会计核算的相对稳定性，为司法会计主体收集财务会计资料证据，查明诉讼所涉及的财务会计事实提供了客观条件。

第一，财务关系的相对稳定性，为司法会计主体利用财务关系通过财务会计主体查找到涉案财务会计资料，或通过分析财务关系内容来判明相关事实提供了条件。

第二，会计核算方法的相对稳定性，表明了会计主体利用财务资料进行各项会计核算时所采用的各种方法是相对稳定的，这就使财务会计资料之间及其所包含的财务会计信息之间建立了相对稳定的关联，为司法会计主体利用这些稳定的关联方便地找到相关信息，进而发现、判断财务会计信息提供了条件。

3. 司法会计活动科学性理论的意义。上述司法会计的科学依据，揭示了司法会计活动的科学性，即司法会计活动是有其客观的基础和条件的。这是司法会计理论研究中的一项重要成果，对研究和发展司法会计专业有重要的理论意义和实践意义。

第一，司法会计活动的科学性，揭示通过司法会计活动收集、判断财务会计资料证据以及鉴别判定财务会计问题并能够取得诉讼所需的证据不是偶然的，是有其科学依据的，为司法会计学科的建立奠定了客观基础。

第二，司法会计学的科学性，为司法会计实务理论的研究提供了理论基础。司法会计实务理论，就是在司法会计科学性的指导下，通过归纳总结司法实践来完成研究任务。最典型的例子是：根据价值运动的规律性和会计核算的特定性，设计出比对鉴别和平衡分析两种司法会计鉴定的基本方法。

第三，司法会计活动科学性的提出，对于提高法律工作者的司法会计活动意识，在诉讼中自觉运用司法会计技术解决案件中的财务会计问题，有重要的推动作用。尤其是对司法会计鉴定科学性的认识，曾经议论纷纷——一些司法人员甚至不相信司法会计鉴定具有科学性。司法会计科学依据的提出，不仅校正了一些司法人员的看法，也给司法会计师提供了职业信心。

 思考题

1. 财务与会计的基本含义是什么？
2. 简述财务与会计的基本关系。
3. 简述会计要素、会计账户、会计科目的关系。
4. 简述借贷记账法的记账规则。
5. 试述会计核算的基本程序。
6. 司法会计活动的科学依据是什么？

第三章 财务会计事实与证明

本章教学目标：

　　本章教学的重点和目的，是使学生在未来司法实践中能够分清诉讼涉及的财务事实和会计事实，明确财务资料和会计资料的不同证明功能与证明范围，能够利用财务会计错误三要素理念正确分析诉讼涉及的特定事实。

第一节　财务事实及查证内容

　　财务事实，是指涉及财务活动的主体、行为、过程、结果、标准等内容的客观情况。具体讲，财务事实由财务主体、财务行为、财务过程、财务后果以及财务标准等内容构成。在寻求相关财务事实时，必须对相关内容进行查证。

一、财务主体与查证内容

　　财务主体的含义有两个方面：一是指财务关系人；二是指财务行为人。

（一）财务关系人

　　财务关系人，也称财务关系的主体，是指财务关系的当事人（包括单位和个人）。财务关系是指企业（或单位）在组织财务活动过程中与各有关方面发生的经济关系，企业的筹资活动、投资活动、经营活动、利润及其分配活动与企业各方面有着广泛的联系。形成了企业（或单位）同其所有者之间的财务关系、同其债权人之间的财务关系、同其被投资单位的财务关系、同其债务人的财务关系、内部各单位的财务关系、与职工之间的财务关系、与税务机关之间的财务关系等，这些企业（或者单位）的利益相关者均是财务关系人。

（二）财务行为人

　　财务行为人，特指具体办理财务业务手续的人。例如：财务业务经办人（推销员、采购员、费用报销人等）、财务资料制作人（开票人等）、物资保管人、现金出纳员、财务审核人、财务批准人、财务代表人等。这里的财务行为人，包括财务人员以及其他临时办理财务业务的人员。其中，财务人员，是指各财务单位以办理财务业务或进行财务管理为主要职责的经济管理人员，如采购员、实物保管员、出纳员、收款员、付款员、财务主管人员等；其他临时办理财务业务的人员，是指不以办理财务业务或财务管理为主要职责，但受单位指派临时从事财务业务或因公务需要办理财务手续的人员。例如：公务出差需要办理借款和结算手续的人员，该人员并不一定是财务部门或者会计部门人员，但他属于财务行为人的范畴。

（三）财务关系人与财务行为人的区别

财务业务行为人与前述财务关系人是两个概念。其一，财务业务行为人是具体处理财务关系的人，财务关系人则是财务关系的当事人。其二，财务业务的行为人是指自然人，而财务关系的主体可以是自然人、法人和非法人单位。财务关系主体是自然人并亲自办理财务手续时，则两者是重合的。

参考案例 3 - 1

商场销售给客户一件衣服的财务事实中，商场与客户都是买卖关系的当事人，因而都属于财务关系人；商场的售货员、收款员是代表商场具体处理这一财务关系并办理收款付货手续的人，他们在这个财务事实中属于财务行为人；客户则既是这一买卖关系的当事人，即财务关系人，也是具体处理这一财务关系并办理收货付款手续的人，即财务行为人，换句话说，客户作为财务关系人的一方并亲自办理了财务手续，这就出现了财务主体的重合，他既是财务关系人也是财务行为人。

二、财务行为与查证内容

财务行为，是指人们在进行各项财务活动时作出的各种具体经济行为。它包括办理具体财务业务的行为和从事各种财务管理的行为。

（一）财务业务行为

它是指人们在进行财务活动时作出的各种经济行为。财务业务行为的类型纷繁复杂，常见的有：①资金筹集行为，比如股票发行行为、债券的发行行为、职工集资募集行为、向银行等金融机构的借款行为等；②资金利用行为，如投资行为、固定资产或者无形资产的购置行为、资产处置行为等；③财物收支行为，如收款行为、付款行为、收货行为、付货行为等；④效益分配行为，如股利分配行为、奖金支付行为、税收的上缴行为等。

（二）财务管理行为

它是指人们进行财务管理活动中所为的各种财务行为。常见的财务管理行为有：①筹资管理行为，如确定筹资规模与筹资结构的行为、选择筹资渠道与筹资方式的行为、处理筹资中各种财务关系（筹资者与筹资管理机构、投资人、发行人关系）的行为等；②成本管理行为，如制定成本管理目标的行为、进行成本测算和控制的行为、处理与费用消耗有关的财务关系的行为等；③投资管理行为，如选择投资方向与投资方式的行为、确定投资规模的行为、测算投资回报的行为、对投资进行监督与控制的行为、处理与受资者等财务关系的行为等；④经营资金管理行为，如制订财务收支计划的行为、制定财务收支管理制度的行为、对财务收支进行监督和控制的行为等；⑤收益分配管理行为，如确定分配规模的行为、选择分配方式的行为、监督分配过程的行为、处理与投资者及职工的关系的行为等。

（三）财务业务行为与财务管理行为的区别

财务业务行为与财务管理行为的行为人的构成不同，财务业务的行为人可以是任何人，因为任何人都有可能为财务业务行为；而财务管理行为人则必须是财务管理人员或者临时参与某项财务管理活动的人。从行为主体看，财务业务行为的行为人可以是任何人，即任何人都有可能为财务业务行为；而财务管理行为的行为人则必须是被授权实施财务管理的人。从行为内容看，财务业务行为主要表现为具体款物的收付行为；而财务管理行为上要表现为预测，决策、审核、批准等行为，并不涉及为具体款物的收付业务办理具体的财务手续。

三、财务过程与查证内容

财务过程，是指办理财务手续，进行财务记录，实现财务目的的过程。

1. 财务手续，是指办理财务业务、进行财务管理中所必须办理的各种手续，它反映了财务的程序。按照财务操作规范，办理财务业务必须办理财务手续，否则交易等各种财务事项无法完成。例如：买卖需要办理货物交付手续，没有这一手续则交易无法完成；借款需要办理款项交付手续，否则借款事项也就没有发生。比如，财物收付存手续，反映了财务主体对各类资产的收取、支付和保管的程序，例如：财物入库手续包括交付提单、交付财物、清点财物、开具入库单等程序；财物验收手续包括查验实物、核对货物清单、在货物清单签名等程序；财物出库手续包括开具出库单（或提单）、清点财物、交付财物、在出库单或提单上签名等程序；财物清查手续包括清点财物、登记清查清单等程序。再如，财务审批手续，反映了财务主体办理各类财务事项时需要进行的审批程序。例如：筹资审批手续、投资审批手续、财务收支审批手续等都包括了提供需要审批的票据或中请批准的报告、审核票据或报告、批准人签字等程序。

2. 财务记录，是指财务主体在办理财务手续时所形成的各种对财务活动的记录。主要记录财务活动的时间、地点、内容、数额、过程、结果以及相关财务主体等。常见的有：对钱款结算事项进行的记录、耐货物收付事项进行的记录、对债权债务结算事项进行的记录、对经济谈判事项进行的记录、对财务会议进行的记录等。

财务记录通常用特定的形式（如书面、电子等形式）加以固定，这就形成了财务资料。财务资料，是指载有财务记录的资料，是财务主体在办理财务业务中直接形成或取得的。它是在财务活动中形成的，直接反映财务活动的内容及结果。不同的财务业务形成不同的财务记录，进而会形成不同形式和内容的财务资料。比如，金融业务会形成金融资料，金融资料的类型非常广泛，常见的如支票、汇票、银行承兑汇票、电汇凭证、信用证、存款凭证、取款凭证、存折、存单、借款合同、借据、拆借合同等。再如，不涉及款项结算的债权债务结算也会形成结算资料，如收据、债权债务处理协议（有些地方称为挂账协议）等。

办理财务业务就需要履行财务手续，财务手续通常会被要求进行财务记录，从而形成财务资料，这是财务手续与财务记录、财务资料的正常关联，基于此，在诉讼中人们可以根据财务资料中的财务记录来还原财务手续的内容，进而查明财务事实。但是，财务手续没有被记录或没有被正确记录的情形在社会实践中并非个例，而是较为普遍的情形，财务主体办理财务手续但并没有进行财务记录时不会形成财务资料，有的可能基于财务主体之间的信誉，有的可能因交易违法，有的则可能是疏忽所致，但具有一定的普遍性。有的情形是财务行为人确实记录了财务手续并形成了财务资料，但在案件诉讼前这些资料被遗失、损毁等，导致无法提供相应的财务资料。或者财务行为人在制作财务记录时，有意或无意地错误地记录财务手续的内容，从而形成内容不真实的财务资料。

四、财务后果与查证内容

财务后果，是指一定的财务过程所获得的财务效果或自然因素引起的财务变动结果。包括财务状况的变化和财务成果。

1. 财务状况，是指财务主体在某时点的资产、负债、接受投资、留存收益等的数额状况。对于企业而言，主要是资产负债表所反映的具体内容。

财务状况的变化，包括资产的取得、变更与灭失；负债的形成、清偿与灭失；所有者权益的增加或减少。财务状况的变化，可以指某项财务业务给财务主体的某项财务状况带来的变化，如结算业务可以引起货币资金的变化；也可以指某财务期间的各项财务业务给财务主体的各项财务状况带来的变化。

2. 财务成果，即在确定的财务事项和财务期间中资产流出与流入的差额，通常以利润和亏损表示。在讨论投资成果时，则使用收益和损失来表示。企业单位通常用利润和亏损来表示经营成果、用收益或损失来表示投资成果，主要是利润表所反映的具体内容；行政事业单位则通常以超支、结余来表示财务成果。

财务过程会导致一定的财务状况的变化和财务成果，但由于财务状况和财务成果还可能会受到自然因素的影响，因而诉讼中不能仅根据相关的财务后果直接推导财务过程。例如：监守自盗这一财务行为会导致库存减少的财务后果，但自然损耗也会导致库存减少的财务后果，因此在诉讼中不能直接根据库存减少的数量来认定监守自盗的犯罪数额。

五、财务标准与查证内容

财务会计标准，是指人们在办理财务会计业务中应当遵循的各种准则。财务标准通常以法律、行政法规、规章制度、经济合同等形式予以表现，其具体的内容十分广泛，涉及经济领域的各个方面。

（一）法律

法律是由享有立法权的立法机关，依照法定程序制定、修改并颁布，并由国家强制力保障实施的规范总称。在规范经济管理的各项法律中，涉及大量的财务标准。这些标准，有些是原则性的，如允许财务主体为哪些财务行为，不允许财务主体为哪些财务行为等；有些则十分具体地规定了财务手续、财务计算标准等。以税法为例，《税收征收管理法》规定了有关税务登记、账簿、凭证管理、纳税申报、税款征收等财务管理方面的标准；《个人所得税法》具体规定了个人所得额、税率等具体的税收计算标准等。

（二）行政法规

由国务院制定的条例、办法、决定及规则、细则中也涉及大量具体的财务标准。国家行政机关会针对法律实施、具体财务运作和经济管理的需要，不间断地制定和颁布大量的涉及财务标准的行政法规。有的是综合性的财务规范，如国务院颁布的各项经济法律的实施条例，都会规定相应的财务操作标准；有些则是为了规范某一经济领域或具体的财务活动而制定的，如国务院制定的《关于加强预算外资金管理的决定》等。

（三）行政规章

行政规章指国务院各部委以及各省、自治区、直辖市的人民政府和设区市的人民政府根据宪法、法律和行政法规等制定和发布的规范性文件。主要是指规范财务标准的行政规章，包括国家统一财务制度和行业财务制度等。

国家统一财务制度，是指由国家财政部门制定的财务制度，如财政部制定的《企业财务通则》、企业财务制度等。行业财务制度，是指由国家其他部门制定的财务制度。如原铁道部制定的《旅游专列运输管理办法》中就规定了运输费用的收费标准。

（四）制度规范

制度规范是组织管理过程中借以约束全体组织成员行为，确定办事方法，规定工作程序的各种规章、条例、守则、规程、程序、标准以及办法等的总称。主要指由各财务主体及其主管部门在执行或参照执行国家、行业统一的财务标准的基础上，根据本单位或下属单位的具体情况所制定的一系列内部财务制度。例如：内部控制制度，规定了财务人员的职责分工及财务手续；财务收支审批制度，规定了财务收支的审批人员和审批权限、审批程序以及审批责任等；财产清查制度，规定了财产清查的范围、组织、期限和方法以及对财产清查中发现问题的处理办法等；财务绩效考核奖惩制度，规定了财务运行和管理的目标及奖惩标准等。需要特别指出的是，财务主体自定的财务制度有时可能会以口头形式存在，这会导致司法实践中无法获取这类制度的书证。

财务标准的具体查证内容主要包括：

1. 财务收支定额、范围标准，如收入定额、收费标准、成本费用开支标准、计税标准，各级管理人员差旅具体报销标准等。

2. 财务手续标准，如现金的收支具体程序、仓库物品的收发手续、差旅费的报销手续、财务审批手续等标准。

3. 财务管理权限及责任标准，如不同级别财务主体的职责权限、财务人员岗位的财务权限与责任、经济承包人的财务权限与责任、资产管理人的财务权限与责任等标准。

4. 资产管理标准，如资产利用定额、现金及银行存款管理方法、资产清查方法等标准。

5. 其他财务管理标准，如资金筹集管理标准、利润分配标准、财务计算及分析方法标准等。

6. 财务术语及符号标准等。

第二节　会计事实及查证内容

会计事实，是指涉及会计活动的主体、行为、过程、后果、标准等内容的客观情况。

一、会计主体与查证内容

会计主体，是指实行会计核算的单位和具体操作会计的人员。换句话说，会计主体有两个方面的含义：一是指会计单位；二是指会计人员。

（一）会计单位

会计单位，是指设置会计机构或会计岗位，进行会计核算的单位。根据会计法规定，这类单位包括国家机关、社会团体、公司、企业、事业单位和其他组织。

（二）会计人员

会计人员，是指从事会计处理或会计管理活动的经济管理人员。根据会计职责的不同，会计人员通常分为记账会计、稽核会计、主管会计（会计机构负责人）、会计主管（单位分管会计工作的负责人、总会计师）等。会计人员要以实际发生的经济业务为依据，记账、算账、报账，做到手续完备，内容真实，数字准确，账目清楚，日清月结，按期报账，如实反映财务状况、经营成果和财务收支情况。进行会计核算，及时地提供真实可靠的、能满足各方需要的会计信息，是会计人员最基本的职责。

注意，司法会计学是从社会活动的主体角度来界定会计主体的概念，它回答的是谁来实施会计活动的问题；会计学是从会计假定角度界定会计主体的概念，它回答的是会计核算范围的问题。其次，司法会计学所讲的主体包括单位和个人（会计人员），会计学上的会计主体仅指单位。因此，上述会计主体与会计学所讲的会计主体是有区别的。

二、会计行为与查证内容

会计行为，是指人们进行各项会计处理或从事会计管理时作出的各种行为。它主要包括核算行为和会计监督行为。

（一）会计核算行为

会计核算行为，也称账务行为，是指会计人员所实施的各种会计核算行为。如：记账、算账、报账等行为。会计核算行为，即会计反映行为，是以货币为主要计量尺度，对会计主体的资金运动进行的反映。它主要是指对会计主体已经发生或已经完成的经济活动进行的事后核算，也就是会计工作中记账、算账、报账的总称。记账行为，是指会计主体按照公认的记账原理和记账规则记录各种会计事项的行为，如填制记账凭证和登记账簿。算账行为，是指会计主体按一定的会计核算方法对记账内容进行具体核算的行为，如计算账户余额，计提或摊销各类费用、税金，归集和计算财务成本，汇总和计算财务成果等。报账行为，是指会计主体编制财务会计报告并向管理层、各级部门、投资者以及税务机关、工商机关、贷款银行等报送会计报告的行为，如编制、报送各类会计报表。各单位的会计核算应当以实际发生的经济业务为依据，按照规定的会计处理方法进行，保证会计指标的口径一致、相互可比和会计处理方法的前后各期相一致。

会计核算的具体内容包括款项和有价证券的收付；财物的收发、增减和使用；债权、债务的发生和结算；资本的增减；收入、支出、费用、成本的计算；财务成果的计算和处理；需要办理会计手续、进行会计核算的其他事项等。

（二）会计监督行为

会计监督行为，是指会计人员对财务活动进行监督控制的行为，即单位内部的会计机构和会计人员、依法享有经济监督检查职权的政府有关部门、依法批准成立的社会审计中介组织，对国家机关，社会团体，企业事业单位经济活动的合法性、合理性和会计资料的真实性、完善性以及本单位内部预算执行情况所进行的监督。例如：审查财务凭证、控制成本、监视和督促结算等。会计监督行为贯穿会计行为的各个方面。例如：会计主体在记账过程中，必须对有关财务资料的真实性、准确性、合理性进行必要的审查、复核。在算账过程中，会计主体需要对有关的计算结果进行分析，进一步审查财务资料所反映的财务信息是否准确、合理。在报账过程中，会计主体还需要根据会计要素之间的对应关系，审查、分析会计资料提供的会计信息的可靠性、准确性、真实性。

另外，会计行为还包括会计资料的整理、装订，会计档案的管理等行为。

三、会计过程与查证内容

会计过程，是指办理会计手续，进行会计记录，实现会计目的的过程。

（一）会计手续

会计手续，是指办理会计核算，进行会计监督的程序。办理经济业务事项应当履行会计手续，会计手续是指办理业务事项应取得的凭证和取得凭证应履行的程序。凭证主要是指外来原始凭证和自制原始凭证以及原始记录，凭证在法律上称为证据。会计手续是保障经济业务事项真实、合法、准确、完整的充要条件。会计手续是会计核算的一部分，主要包括填制、取得、审核会计凭证和记账的具体技术方法和步骤。

以凭证相关手续为例，具体内容包括凭证的审核、记账、稽核以及交接等手续。会计凭证审核手续，反映了对原始凭证或记账凭证的审查程序。例如：编制记账凭证前应当审核原始凭证，审核手续包括审查原始凭证及其内容的真实性与完整性、复算原始凭证所列计算结果的正确性、查验原始凭证所列财务手续的合规性、确认原始凭证所列示会计事项的性质等程序；记账前，应当审核会计凭证，除审核原始凭证外，审核手续还包括审核记账凭证所列处理会计事项的会计分录内容的真实性、正确性与合规性等程序。会计记账手续，反映了会计记账及核算程序，例如：手工的会计记账手续包括登记日记账、明细账、总账等程序。

会计稽核手续，反映了对会计记录以及核算结果进行审核的程序，例如：会计稽核手续包括了审核会计分录、账簿记录、会计报表等程序。会计交接手续，反映了会计人员更换和会计档案交接等程序，例如：手工记账情况下更换会计人员的手续，包括制作交接表、清点账页、账户余额审核、账簿扉页登记、账簿余额处盖章等程序。

（二）会计记录

会计记录，是指会计人员在办理会计业务中所形成的各项记录。会计记录是在会计活动中形成的，直接反映会计活动的内容及结果。会计记录还间接反映财务活动的内容与结果。具体内容在第二章已经详细阐述。比如，会计分录在登记账簿前形成并记录在记账凭证中，包括会计科目、记账方向及记账金额等内容。

会计资料，是指具体承载会计记录的载体，是对会计处理进行记录所形成的资料。会计资料包括会计凭证、会计账簿、财务会计报告和其他有关资料，是会计核算不同环节形成的记载有关单位经济业务活动情况信息的重要文件，是会计信息的载体，是投资者作出投资决策、经营者进行经营管理、国家进行宏观调控的重要依据。会计资料所记录和提供的信息是反映单位财务状况和经营成果，进行经营管理和投资决策的重要依据，同时也是一种重要的社会资源，为了保证会计信息质量，有效运用这些重要的信息资源为经济发展服务，国家统一的会计制度对会计资料的生成程序、方式、记载内容和格式等作出了一系列规定，这些规定是规范会计资料的具体规则，因此，各单位的会计资料都必须符合国家统一的会计制度的规定。会计法规定，会计凭证、会计账簿、财务会计报告和其他会计资料，必须符合国家统一的会计制度的规定。任何单位和个人不得伪造、变造会计凭证、会计账簿及其他会计资料，不得提供虚假的财务会计报告。

四、会计后果与查证内容

会计后果，是指一定的会计过程所形成的会计效果，主要是指会计核算结果。

会计核算结果，又称账务后果，是指经过会计核算所形成会计处理结果以及账户发生额、账户余额、会计报表项目数据等。

会计信息的真实、正确、合规与否，反映了会计核算工作的质量。

五、会计标准与查证内容

会计标准，是指规范会计处理及会计管理活动的准则。会计标准通常以法律、法规、会计准则、会计制度等形式予以表现。会计标准相对财务标准而言比较集中，大致包括以下情形：

（一）法律

《会计法》是会计法律制度中层次最高的法律规范，是制定其他会计法规的依据，也是指导会计工作的最高准则，规范会计核算范围、会计年度、会计记账本位币以及会计凭证、会计账簿、会计报表之类的会计资料的制作要求等会计标准。其立法宗旨是规范会计行为，保证会计资料真实、完整，加强财务管理，提高经济效益，维护社会主义市场的经济秩序。现行的《会计法》共有 7 章 52 条，主要对会计工作总的原则、会计核算、公司和企业核算的特别规定、会计监督、会计机构和会计人员以及法律责任等方面作了具体的规定。

（二）行政法规

会计行政法规的制定依据是《会计法》，如 1990 年 12 月 31 日国务院发布的《总会计师条例》，2000 年 6 月 21 日国务院颁布的《企业财务会计报告条例》等。

（三）行政规章

会计规章的制定依据是会计法律和会计行政法规，如财政部发布的《股份有限公司会计制度》《会计基础工作规范》，财政部与国家档案局联合发布的《会计档案管理办法》等。

（四）制度规范

行业补充的会计制度，通常是指由国家相关部委根据国家统一的会计制度制定的，对会计核算和会计监督有特殊要求的行业实施国家统一的会计制度的具体办法或者补充规定。单位自定的会计制度，是指由各单位制定的规定本单位实施国家统一的或行业补充的会计标准的具体制度。由于各单位的会计机构及会计习惯不同，其制定的会计制度具体内容会有差异。

会计标准主要表现为各种会计制度，例如：①会计科目的设置和使用制度，规定了会计核算中应当设置的会计科目名称及使用方法；②会计报表编制制度，规定了会计报表的构成、编制方法和编制程序；③会计手续制度，规定会计处理的分工、一般程序、更正程序；④会计监督制度，规定了稽核工作的组织形式和具体分工、职责、权限、审核会计凭证和复核会计账簿、会计报表的方法；⑤会计人员岗位及责任制度，规定了会计岗位设置、各会计岗位的职责和标准、各会计岗位的人员和具体分工、会计岗位轮换办法、对各会计工作岗位的考核办法等。

具体到会计标准的查证内容包括以下几个方面：

1. 会计核算资料标准，如会计凭证分类及格式标准、会计账簿分类及格式标准、会计报表分类及格式标准等。

2. 会计核算方法标准，如会计科目设置及使用方法标准、会计报表披露项目标准、产品成本的具体计算方法等。

3. 会计核算程序标准，如记账程序标准、会计报表编制程序标准、成本核算程序标准等。

4. 会计要素确认和计量标准，如收入的确认与计量标准、投资的计价与确认标准等。

5. 会计监督标准，如会计凭证审核标准、账实核对标准、账簿核对标准等。

6. 会计责任标准，如会计人员岗位责任标准、会计岗位责任的具体标准等。

7. 其他会计管理标准，如会计机构设置标准、会计档案管理标准等。

8. 会计术语及符号标准等。

 ## 第三节 财务事实与会计事实的区分

财务事实与会计事实是在主体、行为、过程、标准等方面均存在差异的两类案件事实。

一、区分财务主体与会计主体的意义

（一）区分财务单位与会计单位的意义

财务单位是从财务关系人角度所指的独立从事财务活动的机关、企事业经济组织。在财务单位设置会计机构（或会计岗位）进行会计核算的情形中，财务单位与会计单位是重合的。但有些情况下二者会存在差异：一种情况是，设有若干分支机构的财务单位，其各分支机构可能单独进行会计核算，虽然这些分支机构不是独立的财务关系人，但属于相对独立的会计单位；另一种情况是，没有组织会计核算活动的财务单位，不存在会计单位的概念。基于这两种特定情形的存在，无论是诉讼主体还是司法会计鉴定人都应当注意判明财务单位与会计单位是否重合的事实，防止误判，同时，诉讼主体在要求司法会计鉴定人解决财务会计问题时应当准确、具体地表达清楚具体的财务会计主体。

（二）区分财会单位与财会行为人的意义

财务单位与会计单位可统称为财会单位，财务行为人与会计行为人可统称为财会行为人。财会单位的财务会计活动都是通过财会行为人具体实施的。司法会计鉴定中涉及主体的问题包括财会活动的主体、财会资料的归属、财会问题的归属等。在司法会计鉴定中，由于财会单位、财会资料归属问题都可以通过检验财会资料进行验证，因而司法会计鉴定人可以根据检验结果来确认某财会单位的财会问题。但是，对具体实施财会活动的财会行为人的确认，通常需要采用司法会计鉴定以外的调查手段才能确定，因而尽管财会资料中也记载了财会人员的姓名，但司法会计鉴定人并不能直接根据这些记录来确认系资料记载的财会人员具体实施了哪项财会活动，诉讼主体也不应当要求司法会计鉴定人解决财会行为人的确认问题。

（三）区分财务人员与会计人员的意义

财务人员与会计人员是职责不同的两类经济管理人员。会计人员特指从事会计业务和会计管理的专门人员，而财务人员的主要职责是经手、保管和管理单位的各种资产。形象地讲，财务人员一般都是经管钱物或直接经办财务手续的人员；会计人员则是经管账目，不经管钱物。

在法律诉讼中区分财务人员与会计人员的诉讼意义在于，当涉及与履行职责有关的案件事实或法律问题判断时，财务与会计的不同职责，对于确认舞弊手段、确认责任人等事实会产生重要影响，例如：通常情况下，会计人员的职责不涉及钱物的直接管理，因而单纯的会计行为难以产生直接侵犯财产的后果，在会计人员涉嫌利用职务便利实施侵犯财产行为的案件调查中，应当特别注意查明其所实施的财务行为。另外，在涉及犯罪的司法会计检查中，由于会计人员与财务人员所能制造的弊端账项与其履行职责有关，在设计具体检查对策方面也会有所区别。

参考案例 3 - 2

刘某是某商场的出纳人员，因涉嫌职务侵占被立案侦查，相关检察机关认定刘某采用收入不记账的方法侵占商场公款 10 万元而将其诉讼到法院。律师在辩护中明确指出，按照会计相关工作规范，出纳人员不得兼任相关收入账目的登记工作，该案中的被告人刘某也不负责收入的记账，不可能采用收入不记账的手段进行职务侵占。法院采纳了律师的辩护，判决被告人无罪。该案件中，检察机关认定的收入不记账的原意是刘某没有将收取的 10 万元现金收入业务登记现金日记账。但是，收入不记账所表述的是会计事实，出纳人员通过实施这一会计方法可以掩盖其因窃取公款所导致的 10 万元的短库后果，因而收入不记账不是职务侵占的犯罪方法，而是一种掩盖职务侵占的方法。诉讼中区分财务人员和会计人员十分必要。

二、区分财务行为与会计行为的意义

（一）财务行为与会计行为的共性与差异

从财务与会计的关联角度讲，财务行为与会计行为都涉及经济活动的管理与监督，因而两者在某些方面具有相同或近似之处。例如，二者都有经济计算行为；均需要利用会计信息资料；均基于不同的方面或角度对经济过程进行控制、分析和考核、监督等。

从财务与会计的差异角度来看，财务行为与会计行为的差异是非常明显的：①财务行为属于经济活动行为，而会计行为通常表现为对经济活动的具体核算；②财务行为的内容主要是进行生产经营和交易、资金的融通以及对财物的直接管理等各方面，而会计行为的内容则是对财务的活动进行具体的核算和反应，获取相关的会计信息及数据以及对财和物的间接管理等。

（二）区分财务行为与会计行为的法律意义

在法律诉讼中，证明财务会计行为的存在是涉及财务会计业务案件必须查明的重要事实，也是此类案件进行司法会计活动的目的之一。财务行为与会计行为的属性不同，往往决定案件属性以及诉讼对策的设计。

从两行为的法律属性来看，违规披露、不披露重要信息罪案以及虚假陈述等案件属于会计行为，而其余的绝大部分经济侵权、违法、犯罪行为则属于财务行为。从行为合规性的判断看，财务行为的合规性应当适用财务标准来判断，而会计行为的合规性应当适用会计标准来判断。因此，在诉讼及司法会计活动中应当分别依照财务标准或会计标准来鉴别判定财务、会计行为的合规性。

从证明财务会计行为是否存在的角度看，财务行为的证明难度明显要高于会计行为的证明难度。这是因为：

1. 绝大多数涉案财务行为与案件事实的实质关联性强（可能构成案件的主要事实），因而证据规格的要求高，证明难度也大。比如：证明某一笔现金是否支付的财务行为，往往需要有书证、征人证言、当事人陈述等若干证据构成的证据体系，而证明一笔会计事项是否进行了账务处理的会计行为，仅需书证（即获取相应的账簿资料证明即可）或司法会计检验报告。

2. 用于证明财务行为所需财务资料证据之间的关联性低于用于证明会计行为的所需证据。在会计报表以及报表附注中违反会计准则的各种表述，具体表现为会计报表中存在虚假数字、在报表附注中未披露应当披露的财务事项。财务资料所记载财务数据之间往往缺乏勾稽关系，而会计资料所记载的会计信息之间大多存在勾稽关系，因而伪造后极易被发现和证明。因此，伪造财务资料证据的情形较多且交易金额较大。

3. 财务行为的发生少数形成财务资料，而会计行为的发生通常都会遗留会计资料，由于书证的证明力高于言词证据，所以，会计行为的证明较财务行为的证明往往容易得多。正是基于这一原理，在司法会计活动中，一方面，需要通过司法会计检查尽力完善财务资料证据，来证明财务行为的发生、过程及结果；另一方面，在司法会计鉴定中，对财务资料证据的运用应当十分谨慎，在缺乏验证条件（即没有其他财务会计资料证据证明）的情形下，鉴定人不应单纯依据孤证的内容作出相应的判断。例如，一张支付现金的收据中记载了收款人，如果在收款人处存在同样的收据，则证明该款项是由收款人获取，但如果未获取到收款人的收据，这份收据在证明收款人收款这一情节上就称为孤证。

在参考案例3-2中，刘某窃取公款这一财务行为很可能不会留下财务相关资料进行证明，在没有直接证据（或者口供）的情况下，侦查部门需要通过查明公款是否存在、赃款的具体去向以及赃款被用来干什么等其他事实佐证刘某窃取公款的这一财务行为。

三、区分财务过程与会计过程的意义

（一）区分财务手续与会计手续的意义

财务手续与会计手续是在处理财务事项和会计事项中分别需要办理的财务会计手续。实际诉讼中，当事人是否办理了财务会计手续，可能会成为判断案件当事人有无过错的依据之一。司法会计学提出区分财务手续与会计手续的诉讼意义在于证明财务会计手续存在与否所需的证据不同：证明财务手续存在与否，应当采用财务资料证据；而证明会计手续是否存在，则应当采用会计资料证据。

参考案例3-3

甲公司从乙公司购进一批大宗商品，总经理张某为了非法占有商品的进销差价，以本公司的名义与丙公司签订了代购代销合同，并以丙公司销售代购商品的名义出售了商品，甲公司开了发票，收取了货款。然后，张某指使财务人员开出转账支票将全部款项转给丙公司。经查明，甲公司作了相应的会计处理。案例中，商品的采购、销售以及销售收入款项转入丙公司临时银行存款账户的财务手续均由甲公司办理，乙公司出具了收款收据，证明财务手续证据的是采购发票、入库单、出库单、销售发票、收入款项存入甲公司银行账户的银行票据、转给丙公司款项的银行票据、丙公司的收款收据等。会计手续包括甲公司对采购商品、销售商品、冲销销售业务、转账支付款项等会计事项的处理程序，相关的证据是甲公司的记账凭证、账页等会计资料证据。丙公司对涉及的收款、转付款等会计事项没有办理会计手续，就没有形成会计资料证据，需要通过司法会计检验证明丙公司没有办理会计手续。

（二）区分财务资料与会计资料的意义

财务资料与会计资料是在不同场合和不同条件下形成的资料。财务资料是在财务活动中形成的，是对财务业务和财务手续的一种直接记录，而会计资料则是

在会计核算活动中形成的,是对会计业务和会计手续的一种直接记录,但其所反映的财务业务内容大部分情况下需要借助于财务资料形成,所以许多财务资料会成为会计处理的凭据。通俗地说,购买商品开具发票,其发票本身的存在并不是仅仅为了记账等进行会计处理,主要的目的是说明经济交易伴随着财务的发生,其以书面的形式给予证明,至于是否作为会计处理所用会计资料,需要依据会计处理方法和要求来判断。

财务会计资料通常都是分别形成的,因而财务资料与会计资料多数情况下都是独立存在的资料。但实践中也有特殊情形,即同一份资料中既有财务记录也有会计记录,司法会计学上将这类财务会计资料称为财务会计资料。财务会计混合资料同时记载财务业务和会计业务的内容。例如:银行结算凭证(如支票等)系由客户或银行在财务结算时签发的一种财务资料,但习惯上银行都会将会计分录也记录其中,使这类资料成为财务会计混合资料。再如,一些单位习惯于让现金收款人在付款记账凭证中签字,这就形成了财务会计混合资料。

司法会计主体通常需要明确区分财务资料与会计资料的界限,以便正确分析和利用不同的资料来证明不同的案件事实。财务会计资料的划分,导致诉讼中收集作为证据使用的财务会计资料被划分为财务资料证据、会计资料证据和混合资料证据。这种划分的主要意义在于可以明确不同证据所能证明的事实范围和证明程度。原则上讲,单纯的财务资料只能证明财务事实,不能证明会计事实;单纯的会计资料既能直接证明会计事实,又能间接证明财务事实——这是基于会计资料对财务资料所证明财务事实的反映作用所致;财务会计混合资料属于财务部分的内容证明财务事实,属于会计部分的内容证明会计事实。

参考案例3-3中,甲公司出具的销售发票和收取销售收入的银行票据都属于财务资料,直接证明公司发生销售业务这一财务事实;甲公司对销售大宗商品取得的销售收入列入"主营业务收入"的记账凭证、明细账等会计资料,直接证明该公司已经销售该笔商品的业务收入确认为销售收入的账务处理这一会计事实,同时又间接反映该公司产生了商品销售业务。

(三) 区分财务后果与会计后果的意义

财务后果与会计后果,无论是法律意义还是证明方法上都有明显的差异。

1. 财务后果构成案件中经济方面的基本事实。有关财务后果的事实,无论涉及资产、负债、所有者权益以及收入、成本费用和财务成果的哪个方面,它都是由经济行为或客观因素所导致的,并直接涉及财务主体的法律责任问题,是判断财务责任的直接依据。会计事实本身不属于经济方面的基本事实,是经济管理方面的事实。基于会计与财务之间存在的反映和被反映的关系,会计后果虽然也涉及财务事实的内容，但它本身并不是财务事实。因此，当诉讼中需要利用会计后果来证明财务后果时，应当进行相应的司法会计鉴定，而不能直接以会计后果为依据判断财务方面的事实和责任问题。

2. 由于财务过程不一定都会形成财务资料，即使形成了财务资料通常也难以反映财务的具体过程，因此，在没有形成财务资料的情形中，财务后果无法通过财务资料予以证明，即使存在财务资料的情况下，财务后果的证明也需要由其他证据给予支持。财务后果的这一证明原理对司法会计鉴定来说十分重要，一是当没有财务资料时，司法会计鉴定人不能就财务问题作出鉴定意见；二是司法会计鉴定人在利用财务资料来证明财务后果时，应当十分审慎，特别是在确定财务主体与财务后果的关联时应当留有余地，这也是司法会计鉴定人为什么不能直接确认财务责任人的原因所在。

3. 会计过程的存在都会形成会计资料，因此，会计资料既可以证明会计过程的存在，也可以证明会计后果。会计资料与会计后果的这一关系使得司法会计鉴定人在判断会计问题时比确认财务问题要轻松得多。

参考案例 3 - 4

甲乙公司合作经营，会计账务处理由甲公司负责，后来因利润分享问题发生争议诉讼至法院。甲公司提供了合作经营的会计报表，证明该合作项目亏损，不存在可以分配的利润；乙公司却认为甲公司的会计报表利润项目数字不准确，需要进行司法会计鉴定，确认合作经营的财务成果。经鉴定，确认该公司盈利200万元，法院按照双方合作经营协议规定的分配方法判决甲公司应当支付乙公司盈利款80万元。

案例中的会计报表属于会计资料，虽然列明企业亏损这一财务成果，但只是会计核算的结果，不能用来证明企业亏损这一事实，企业合作经营会涉及大量的财务业务，一般不会形成能够直接证明财务成果的财务资料，司法处理时，若双方认可会计核算结果，可以将会计报表作为证明财务成果的证据；但是如果一方不认可会计核算结果，需要司法会计鉴定来确认会计成果。刑事案件中一般不能采用会计报表直接证明财务成果。

四、区分财务标准与会计标准的意义

（一）财务会计标准的不同诉讼作用

财务会计标准是诉讼中确认一些财务会计行为及其后果的法定标准依据。财务会计活动本身往往被要求按照财务会计标准实施，因而涉案财务会计行为是否符合财务会计标准，是构成案件需要判明的事实之一。例如：合伙经营纠纷案件中涉及的利润应当如何分配，就需要利用合同等规定的财务标准予以确认。又如：在违规披露重要信息案件中，涉案单位编制的企业会计报表中的每个项目数据的具体确认、记录、计量、披露是否正确、合规，是案件事实主要构成要件之一，需要利用会计标准加以衡量。

在很多情形中，财务会计标准本身也会成为财务会计事实组成部分。根据一般的诉讼规律，诉讼中涉及的各种标准并不需要专门进行检查核实。但在涉及财务会计业务的案件中，却可能需要就财务会计标准是否存在以及标准的内容等事实进行专门查证。换句话说，诉讼中认定财务会计事实会涉及财务会计标准的运用，但在很多情况下需要诉讼主体专门查明财务会计标准是否存在及其内容。一方面，财务会计标准通常会有书面资料存在，但实际诉讼中对由书面合同等规定的非国家、行业统一制定的标准，需要通过司法会计检查等调查措施的运用才能获取；另一方面，很多情形中没有书面的标准，而是口头的或习惯形成的，尤其是具体到某一个单位内部的财务标准，很多情况下都会缺乏书面规范，例如电话费、出租车费、个人学习费用的报销标准等情况都会导致诉讼中出现缺乏财务会计标准作为判断依据的情形，同时这些标准是否存在以及内容如何等也属于某些案件必须查明的财务会计事实。

（二）区分财务与会计标准的一般方法

原则上讲，凡是规范经济活动的主体、内容、方式方法、程序的准则、制度，都属于财务标准；凡是规定会计活动的主体、内容、方法、程序的准则、制度，都属于会计标准。我们以收入标准的确认为例：税法中规定的收入确认标准属于财务标准，因为它规定的是纳税人缴纳税款时计算其应纳税额的基数。会计准则中规定的收入核算标准属于会计标准，因为它规定会计核算收入时的确认标准。

（三）区分财务与会计标准的司法会计意义

1. 财务标准与会计标准的适用场合不同，鉴别分析财务问题时应当适用财务标准，鉴别分析会计问题时应当适用会计标准。以收入确认为例：确认收入的财务标准，包括税法标准、规章或合同规定的收入定额、收费标准等，这是鉴别分析应纳税所得额、应获得收入额等财务问题时采用的标准。确认收入的会计标准，主要是会计准则或会计制度中规定的收入确认标准，具体为：企业已将商品所有权上的主要风险和报酬转移给买方；企业既没有保留通常与所有权相联系的继续管理权，也没有对已售出的商品实施控制；与交易相关的经济利益能够流入企业；相关的收入能够可靠地计量；相关的已发生或将发生的成本能够可靠的计量等。

2. 财务标准与会计标准的适用结果不同。适用财务标准的结果是确认相应的财务事实，适用会计标准的结果是确认相应的会计事实。主要涉及对会计处理、会计处理结果真实性、正确性、合规性的判断。

参考案例 3－5

以与税费有关的问题鉴定为例，计算税金的标准属于财务标准，适用这一标准的结果应当是确认应纳税所得额、应纳税额、未纳税额、少纳税额等财务事实和计税基础；而"应交税款——应交企业所得税""应交税费——应交增值税"和"应交税费——未交增值税"等税收账户的具体的核算方法则属于会计标准，适用这一标准的结果是确认应交税款会计处理的真实性、合规性以及"应交税费"账户发生额真实性、余额正确性等会计事实。

 第四节　财务会计错误的事实

财务会计事实是人们操作财务会计的过程和结果，如果用财务会计标准来判断，这些事实中有些是符合财务会计标准的，有些则不符合财务会计标准，即存在违反财务会计真实性、正确性、合规性要求的情形。这种包含有不符合财务会计标准的财务会计事实称为财务会计错误。本节和下一节主要介绍财务会计错误的概念、财务会计错误三要素的构成、财务会计错误的成因与确认原则、财务会计错误形态的表现与确认方法、财务会计后果类型与确认思路以及各种财务会计错误的关系等。

一、财务会计错误的含义

财务会计错误，是指各种违反真实性、正确性和合规性的要求，且导致相应财务会计后果的财务会计现象，是一种特殊的财务会计事实。理解该概念需要把握以下几点：

第一，财务会计错误是指一种财务会计现象，这种现象可能表现为财务会计行为、财务会计记录以及财务会计后果等情形。凡是违反真实性、正确性和合规性要求的财务会计现象，无论其性质和程度如何，都属于财务会计错误。即违反真实性、正确性和合规性要求的情形，无论行为人是故意还是过失，无论是为了公共或单位利益还是个人利益，无论是错了一分钱还是上亿元或者它只是表现在财务会计的行为、手续、记录、后果等某一方面，均构成财务会计错误。

第二，识别判定财务会计错误的标志，主要是看财务会计事项的处理及结果是否违反了真实性、正确性和合规性的基本要求。财务会计业务事项及其处理结果只要违反了其中一项要求，即属于财务会计错误。

此外，当与涉案财务会计事实相联系时，由于案件可能由多个不同的财务会计事实构成，因而财务会计错误可能在同一案件中出现多次。例如集资诈骗案件涉及数量众多的受害人，作案人与每个受害人至少要形成一个货币交易事实，而每个交易事实都会存在财务欺诈行为，那么这一案件中就会出现数量众多的尚未支付本金、利息的财务支付错误。甚至在同一案件的某一事实中，财务会计错误也可能会以不同的形态出现。例如，出纳人员监守自盗本身属于财务手续错误，这会导致账实不符的后果，为了掩盖这一错误后果，出纳人员可能会将部分现金收入业务不记账，这就会造成一个或多个漏记账的会计错误。

二、财务会计错误的三要素

涉及财务会计业务案件中，任何由财务会计事项构成的案情都可能存在财务会计错误，而当财务会计错误完整地涉及涉案当事人的主观心理状态、行为内容、行为过程、行为后果时，财务会计错误便会构成案件的主要事实。因此，具体案件中是否存在财务会计错误、存在什么类型的财务会计错误、如何识别财务会计错误的性质等，对于认定案件事实及性质有着重要意义。财务会计错误理论所要揭示的是财务会计错误的基本原理，这为研究如何查证、识别、确认案件涉及的财务会计错误提供理论根据。财务会计错误理论，即财务会计错误三要素理论，是司法会计学的基本理论之一，其研究目的是为实务理论研究及司法实践提供理论基础。

（一）财务会计错误三要素的内容

每一具体的财务会计错误，都是由财务会计错误成因、财务会计错误形态和财务会计错误后果所构成。这三个相互联系的构成要素，可称之为财务会计错误三要素。

所谓财务会计错误成因，是指导致各种财务会计错误产生的直接原因。与行为人的主观心理状态相联系，财务会计错误的成因有故意、过失和意外三种情况。

所谓财务会计错误形态，是指各种财务会计错误的具体表现形式。具体的财务会计错误形态表现多种多样。

所谓财务会计错误后果，是指因各种财务会计错误的发生而直接导致的财务后果、账务后果以及账实不符。其中，财务后果是指财务会计错误的出现，对财务状况、财务成果、财务关系和财务管理的影响及影响程度；账务后果是指财务会计错误的出现，对会计核算以及会计资料形成的影响及影响程度；账实差异是指财务会计错误的出现，对财务与会计一致性的影响以及影响程度。

（二）财务会计错误三要素的关系

财务会计错误三要素，对于任何财务会计错误而言，都是密切联系和不可分割的三个必备要素，但各要素在财务会计错误中以及人们认识财务会计错误时所起的作用是不同的。

财务会计错误的成因对财务会计错误的形成起主导作用，没有成因就不会产生财务会计错误；在人们认识财务会计错误时，财务会计错误的成因又决定着对财务会计错误性质的判断。故意、过失及意外形成的财务会计错误的性质不同，且与财务会计的责任认定相联系。例如：故意形成舞弊，行为人通常会面临法律责任；过失会形成过失错误，除法定情形外，行为人不需要承担法律责任；意外会形成意外错误，行为人不需要承担法律责任。

财务会计错误形态只是财务会计错误的具体表现形式，它本身既不表明错误的产生原因，也不说明错误的后果，这是因为不同的错误成因可以产生相同的错误形态，而相同的错误形态对财务会计的实际影响程度也会存在差异。例如，应当记录的账项并没有登记，从形态上讲属于漏记，"漏记"是错误现象的表现形式，它既不表明漏记是由于何种成因所致，也不反映漏记导致了什么后果。因此，司法会计师应当特别注意各种财务会计错误形态的表述用词及含义，这些用词通常被作为各类司法会计文书中对财务会计错误的称谓。

财务会计错误后果既能够证明财务会计错误的发生与存在，又在一定程度上反映财务会计错误的形态和成因。主要是因为，其一，只要存在财务会计错误后果，肯定是发生了财务会计错误，所以当人们看到财务会计错误的后果便可以直接断定发生了财务会计错误。其二，财务会计错误的后果可以反映财务会计错误的形态，但由于不同的错误形态可能会产生相同的错误后果，所以仅通过财务会计后果来判定错误形态的做法并非适用于所有情形。例如：账户余额错误，可能是计算错误所致，也可能由记录错误形成。其三，财务会计错误的后果，有时也可以在一定程度上反映出财务会计错误的成因，如虚报支出的后果通常反映行为人故意，但无法反映出故意的目的、动机等具体内容。在更多的情形中，由于故意、过失和意外都会产生相同的财务会计错误的后果，所以人们根据财务会计错误的后果仅可以推测成因，但不能判定成因。

（三）分析财务会计错误三要素理论的意义

1. 有利于正确地把握司法会计理论的研究方向。司法会计理论的研究与财务会计错误的研究是密不可分的。一是司法会计实务理论的研究大都离不开财务会计错误问题。例如：在司法会计的各项对策理论研究中，会涉及如何发现构成某些案件主要事实的财务会计错误的对策以及证实财务会计错误的证据规格；在司法会计鉴定规程理论研究中，会涉及如何证明、排除财务会计错误的鉴定规则，以保证鉴定意见的科学性和可靠性。二是正确认识财务会计错误三要素的关系，是研究许多司法会计操作问题的前提。例如，研究具体犯罪案件的司法会计取证规则时，需要判断犯罪活动的手段、方法，这些手段和方法都会涉及财务会计错误形态与后果之间的关系。

2. 有利于司法会计主体正确地认识和客观地表述财务会计错误事实。一是司法会计主体可以利用财务会计错误三要素关系来确认财务会计错误的发生和存在。例如，司法会计鉴定人对会计处理问题进行鉴定时，通过对记载错误后果的资料进行检验，来验证是否存在财务会计错误。二是有利于司法会计主体客观、正确地报告工作结果。例如，在司法会计文书中，只能采用错误形态用语来表达财务会计错误；而在司法文书中则应当采用含有错误成因的用语表述财务会计错误行为。

3. 财务会计错误在案件中表现为财务会计事实的一种情形，有利于司法人员正确地判断案件事实，全面地收集证据，查明案情。以刑事案件为例，特别是，有些经济犯罪案件的主要事实本身就是由财务会计错误事实所构成的，侦查人员只有了解财务会计错误的构成要素，正确理解财务会计错误的要素的含义和关系，才能避免将推测误认为客观判断的情形，以便正确地设计证据规格、客观地收集证据。例如：侦查中根据财务会计错误的后果可以推测错误的成因，但这仅仅是推测，如果要证实成因还需要收集大量的能够证实成因的证据。否则，就可能因为推测出现错误而导致错案，或因为证据不足造成起诉困难。

三、财务会计错误的分类

（一）财务错误与会计错误

所谓财务错误，是指在办理财务结算、财物的收付与清点、资金的筹集与交付以及收益分配等财务业务过程中发生的错误。

所谓会计错误，是指在办理填制凭证、记账、算账、报账等会计业务过程中发生的错误。

财务错误与会计错误是产生领域和后果不同的两类财务会计错误，两者在错误形态方面存在共性和差异。首先，财务错误产生于人们办理经济业务的过程中，而会计错误则产生于人们利用会计对经济业务进行反映、控制和监督的过程中。例如，出纳人员在收付款项过程中产生的款项收付错误属于财务错误；记账人员在现金核算过程中产生的记录错误则属于会计错误。其次，财务错误与会计错误的后果不同。财务错误直接导致财物溢余或损失，并直接影响财务成果，比如销售货物时多付了货物，则直接导致库存货物的损失和经营亏损；而会计错误直接影响的是会计核算结果，即使在涉及财物的核算业务中发现错误，也只会出现账实差异的后果，不会导致钱物的实际溢余或损失。再次，财务记录错误的载体是财务资料，而会计记录错误的载体则是会计资料，但由于发生错误的领域不同，财务记录错误会直接引发财物收付错误，而会计记录错误不会直接引发财物收付错误。最后，财务错误与会计错误可能会发生于同一项财务会计事务中。

财物错误与会计错误分别反映了财务事实和会计事实，在司法实践中，明确划分财务错误与会计错误，对于分析案情、收集破案线索、收集证据以及在刑事诉讼中确认作案手段、作案后果都有十分重要的意义。

（二）舞弊、过失错误、意外错误

所谓舞弊，是指人们故意制造的财务会计错误。所谓过失错误，是指由于人们的过失所致的财务会计错误。意外错误，是指由于非人为因素产生的错误。

区别舞弊和非故意错误的标志是财务会计错误的成因。错误性质不同会影响人们对案件性质的认识以及确认当事人的责任。在诉讼中，舞弊涉及的行为将构成各类犯罪和一般违法行为，并必须承担相应的法律责任；过失错误涉及的行为只有法律规定的情形出现时才承担法律责任；意外错误涉及的行为不构成犯罪。

第五节 财务会计错误的具体内容

一、财务会计错误的成因

财务会计错误的成因，按其与相关当事人行为的关联及当事人的主观心理状态的关系不同，分为故意、过失和意外三种情况。

（一）故意

故意，是指人们在办理财务会计业务过程中发生错误的一种主观心理状态，它表现为导致某一财务会计错误产生的直接原因在于当事人有意识的追求或放任某一错误后果的发生。

故意是行为人实施舞弊时的一种心理状态。构成这一心理状态的具体内容，包括舞弊动机和舞弊目的。

所谓舞弊动机，是指舞弊者实施舞弊时的动因。常见的舞弊动机有：为了解决个人的临时经济困难，如出纳的家庭购房困难；为了单位或他人获取非法经济利益，如经济业务的交易中额外留出的"好处费"；为了应对检查或审计，如为了现金的监督盘点，用自己的钱将差额补齐；为了虚构某种经济事实，如为了使上市公司符合不被停牌的指标要求而虚构利润等；为了个人或单位实施某种犯罪（特别是各种经济犯罪）；等等。

所谓舞弊目的，是舞弊者实施舞弊所要达到的财务会计后果，这种后果常常表现为财物转移、弊端账项、账实不符（长库或短库）等。例如：贪污的目的是非法占有公共财物，其财务后果表现为公共财物向个人的转移；虚假陈述的目的是欺骗投资者或债权人，骗取其信任，其会计后果表现为会计报告中的弊端账项；偷税的目的是少缴税款，其采用隐匿销售的舞弊行为的财务会计后果可能表现为账实不符。

舞弊动机与舞弊目的具有一定的关联，当舞弊动机出现时，舞弊者需要通过追求某一财务会计错误的后果来满足动机需求。当发现虚假陈述的事实后，推断高管人员的舞弊动机时，人们也自然会想到其非法获取奖励的动机，起码应当是需要推测的动机之一。相同的舞弊目的可能出于不同的舞弊动机。比如，会计行为人虚构企业利润，其动机可能是获取与其相关联的奖金，可能是为了单位利益，可能是为了获得较好的声誉以便易于获取筹款等，也可能是为了帮助别人掩盖经济事实。

（二）过失

过失，是指人们在办理财务会计业务过程中发生错误的另一种主观心理状态，它表现为导致财务会计错误产生的直接原因在于当事人主观能力不足、过于自信或疏忽大意。

所谓主观能力不足，是指当事人未能达到从事或处理具体财务会计业务的专业水平的要求。行为人主观上的技术不足或者业务不熟练均可能导致财务会计错误的发生。例如：会计人员由于不懂得某笔经济业务是否需要核算而导致出现漏记；保管人员由于不熟悉货物规格而导致出现少付；行为人对诸如对外投资新业务的相关政策法规要求掌握不够，导致会计处理适当；等等。

所谓过于自信，是指当事人在处理财务会计业务时轻信可以避免财务会计错误的发生。行为人因过于自信而未能严格按照财务会计标准进行操作可能导致财务会计错误的发生。例如：会计人员自认为记账过程是严谨的，因而没有实施会计检查即行结账，导致漏记业务未能及时发现；保管人员自认为熟悉货物的计量方法，因而未按规定方法进行计量导致出现少付；债权债务明细账月末结转直接将其最后一笔业务的余额写在结转栏次内，没有按照账户的基本结构计算出余额进行对比核对；等等。

所谓疏忽大意，是指当事人在处理财务会计业务时精力不集中而导致操作不当。例如：会计人员记账时一时疏忽未将应记账的账项进行登记而造成漏记；保管人员由于精力不集中少发了货而导致出现少付；等等。

（三）意外

意外，是指与当事人的行为无关的财务会计错误成因，表现为导致财务会计错误产生的直接原因在于客观条件的缺陷。这类缺陷既不是人们故意制造的，也不是行为人所能够避免的。例如：由于计算机错误或者计算机操作程序等导致的漏记或者错记，由于存货的重量测量衡器失灵或者误差导致的少付或者计算不准等。

（四）诉讼中对财务会计错误成因的推测与判断

1. 推测与判断财务会计错误成因的诉讼意义与主体。财务会计错误成因的推测，是指司法会计主体根据办案经验中有关舞弊、过失和意外导致财务会计错误的各种情形，对办案中发现的财务会计错误的成因进行的推测。财务会计错误成因的推测，主要存在于诉讼调查过程中。当诉讼主体发现财务会计错误时，需要考虑该错误与所办案件的关联，对有关联的财务会计错误应当推测其成因，以便确定该错误是否构成案件中的违法、犯罪事实。如果发现与某种违法、犯罪活动相关，这一错误就被称为嫌疑账项。推测财务会计错误成因的目的主要是确认嫌疑账项，而确定嫌疑账项则是诉讼调查中确定是否追查有关财务会计事项的前提。

财务会计错误成因的判断，是指诉讼主体根据各种证据对诉讼涉及的某一财务会计错误的成因所作出的评断。这种评断的目的是确认诉讼涉及的财务会计错误的性质，并据以确认相应的案件事实。因此，财务会计错误成因的判断主要存在于案件事实的确认阶段。

财务会计错误的推测与判断都是对财务会计错误成因进行的逻辑推导，但两者之间也存在差异：首先，推测与判断的依据及结果不同。推测的依据往往是少量的或部分的诉讼证据，因而推测的结果是一种不确定的结论；而判断则需要依据所有的诉讼证据，其结果是一种确定的结论。其次，发生的场合及任务不同。推测通常发生在调查阶段，尤其是在司法会计检查中发现财务会计错误时，诉讼主体可以根据错误后果及其产生的背景、条件等，对财务会计错误的成因作出相应的推测，以便确定是否需要进行调查和如何进行调查；而判断存在于确认案件事实阶段，其任务是确认案件所含财务会计错误的性质，以便确认行为人是否承担法律责任有关的案件事实。最后，推测与判断的实施主体不同。凡是参与司法会计检查的诉讼主体、司法会计师等专家都需要推测财务会计错误的成因，以便确定查证思路；判断财务会计错误成因的任务只能由负责整个案件事实判断的诉讼主体实施，也就是说不包含司法会计鉴定人。

这里需要特别说明的是：将司法会计鉴定人排除于财务会计错误成因的判断主体之外，表明司法会计鉴定人不具有这一诉讼权利和义务。

在同一案件的诉讼中，相对于诉讼主体与司法会计鉴定人而言，对财务会计错误成因的推测与判断由诉讼主体负责，这是因为，首先，从判断财务会计错误成因的方法看，由于财务会计错误的成因涉及行为人的主观心理状态，因而需要采用"自由心证"的方法进行判断，法律赋予了法官、检察官、警官、律师等诉讼主体采用这一方法判断案件事实的权力，因而诉讼主体有权确认财务会计错误的成因。其次，从判断财务会计错误成因所需证据看，判断财务会计错误的成因需要利用所有与之有关的各类证据才能作出判断，这对于诉讼主体肯定不是问题。但是，司法会计鉴定意见所依据的鉴定证据仅限于财务会计资料、财务会计资料证据和勘验、检查笔录等，这些鉴定证据只能证明财务会计错误现象的存在，由于成因与现象之间缺乏内在的必然联系，因而司法会计鉴定人无法依据这些鉴定证据判断财务会计错误的成因。最后，从判断财务会计错误成因结论的科学性要求看，证明主体采用"自由心证"推断财务会计错误的成因只要能够排除合理怀疑甚至都不需要考虑科学性，而司法会计鉴定意见具有的科学性要求，是司法会计鉴定人根据相应的证据和科学技术规程推断而成的，通过检验所能够看到的财务会计错误后果。只能在一定程度上说明成因，因而虽然通过这些财务会计错误后果能够推测成因，但推测不能形成鉴定意见。

2. 财务会计错误成因的判断原则。

（1）证实与排除均等的原则。证实与排除均等原则，是指在确认财务会计错误为故意或某种故意所致的同时，应当考虑排除其他成因的可能性。在刑事诉讼中，即使行为人承认财务会计错误系故意所为，诉讼主体还是应当对其他可能存在的成因进行排除。该原则主要是考虑到财务会计错误的成因与结果之间因果关系的多样性以及不同成因所致法律责任的不同。不同的成因能够导致相同的结果，如果在确认某成因的同时能够排除其他成因的可能性，可以反过来证明所确认成因的正确性；行为人因故意、过失、意外所致财务会计错误后果应当承担的法律责任不同，采用证实与排除均等原则可以保证法律适用的正确性。

（2）先轻后重原则。先轻后重原则，是指在接受举报或在案件调查中发现财务会计错误时，通常采用的确认思路是：意外—过失—故意，即先确认或排除意外，然后确认或排除过失，最后确认故意。这种认定顺序主要是考虑到不同成因的判断难度。通常情况下意外、过失、故意的判定的难度越来越高，本着先易后难的原则确定财务会计错误的成因，有利于节约推断的时间和精力。如果已经判明前者的存在，通常就不需要对后者再进行判断。反过来则不同，如果有证据证明存在故意时，还需要对过失或意外进行排除。例如，会计核算结果存在错误时，如果能够判明是由于计算机错误所致，则不需要再考虑过失、故意的成因，而计算机错误的判断并不需要大量的证据，一般通过重复处理测试或计算机鉴定即可解决；而如果先考虑故意，则需要获取大量的口供、证言、书证物证等，而即使这些证据显示存在故意，也需要通过计算机鉴定排除意外的可能性。

（3）分别确认原则。分别确认原则，是指当多个财务会计错误同时存在时应当分别确认各个错误的成因。该原则主要是考虑到每一财务会计错误都有其特定的成因，相互之间不能相互替代，否则可能会导致判断错误。例如虚报冒领是一种由故意所导致的财务错误，而会计人员未能发现这一财务错误，便根据虚假票据进行了账务处理，这一处理结果会产生不真实的会计核算后果，形成会计错误。虚报错误的成因是故意，而核算错误的成因则可能属于过失。应当明确这一财务会计事实中同时存在财务错误和会计财务错误等两个错误，如果误把两个错误看成一个错误，则可能不会想到采用分别确认原则。

二、财务会计错误的形态

财务会计错误的形态表现多种多样，常见的错误形态有记录错误、计算错误、财务会计原理错误、手续错误、财务结算错误、财物收付错误，等等。

（一）记录错误

记录错误，是指在填制或登记财务会计资料时所发生的记录操作错误。其中，财务记录错误主要发生在各类财务凭证的填制、财务汇总记录（如销售收入日报、费用报销表等）以及其他财务资料的制作中；会计记录错误主要发生在填制记账凭证、登记账簿和编制会计报表的过程中。记录错误可以是收入事项的记录错误，也可以是支出事项的记录错误。

1. 漏记。包含漏记业务和漏记内容。例如，一项销售业务忘记编制相关凭证并登记相应的账簿，最终导致漏记一项债权或者一笔银行存款的登记以及相应收入的核算反映，这属于漏记业务。再如在具体记录一笔业务时，填制原始单据（如增值税专用发票）时漏记对方单位或者忘记了对记账凭证进行编号等，都属于漏记内容。

2. 重记。在财务方面主要表现为同一结算事项被反映在两份或两份以上的财务凭证中，会计方面主要表现为同一会计事项被进行了两次或两次以上的会计处理。比如，一张销售发票进行了两次销售收入的确认。

3. 多记。多记是指在记录有关数据时，按照比实际数据大的数字记财务会计资料的记录错误。在多记中，超出实际数据的那部分记录属于虚假记录。例如，依据记账凭证登记明细账时，误将 20 000 元看成 200 000 元，多计入

180 000元。

4. 少记。少记是指在记录有关数据时，按照比实际数据小的数字记财务会计资料的记录错误。少记在财务方面主要表现为少记单价额；在会计方面主要表现为少记发生额。在少记情形中，已经记录内容只是记录内容的一部分。例如，依据记账凭证登记明细账时，误将200 000元看成20 000元，少计入180 000元。

5. 错记文字。错记文字在财务方面主要表现为错记财务业务事项、错记经办人、批准人等；在会计方面主要表现为错记会计事项。例如，银行结算单据上相关人员的签字盖章错误；在会计中将"应付账款"误写为"应付款项"。

6. 错记账户。在登记账簿时，没有按照会计分录列示的会计科目登记账簿，将应记入某一账户的业务错记到其他账户中的记录错误。比如，依据会计凭证登记账簿时，误将"应付账款"登记为"预付账款"。

7. 反方登记。例如：将借方的发生额登记到贷方，或者反之；反方登记中，实际登记一方的发生额是虚假的，而应当登记发生额的一方则出现漏记。

8. 反方记录余额。例如：将借方余额记录为贷方余额，或者反之。反方记录余额会导致所记录的余额与应该记录余额发生双倍差额的后果。反方所记录余额通常属于会计错误，但有时也发生在财务人员编制或登记的存货账簿、现金账簿中。

9. 虚记。通常表现为在没有合法有效的记录依据的情况下，填写或登记财务会计资料，也称为无据记录。例如，销售业务并没有发生，伪造销售发票虚假登记销售收入。

（二）计算错误

计算错误，是指在计算财务会计数据时所发生的操作错误。其中，财务计算错误主要发生在计算结算数额、开具结算票据以及财务汇总计算过程中；会计计算错误则主要发生在编制会计分录、计算账户中的发生额合计或累计、计算账户余额、计算会计报表项目数字过程中。

1. 计算原理错误。

（1）计算公式选择错误。例如：实行从量定额办法的消费税纳税单位应当选用的计税公式为：销售数量×单位税额，但错误地选择了从价定率的办法计税公式：销售额×税率。再如，负债类账户余额的计算公式为：期末贷方余额 = 期初贷方余额 + 本期贷方发生额 − 本期借方发生额；错误地用为：期末贷方余额 = 期初贷方余额 + 本期借方发生额 − 本期贷方发生额。

（2）计算项选择错误。例如：计算公司的利润总额时，计算公式是：利润总额 = 营业利润 + 投资收益 − 期间费用 + 公允价值变动损益等，若将营业利润误记为主营业务利润，而没有考虑到其他业务的情况，将导致利润总额计算错误。

（3）运算符号错误。例如，计算发生额合计遇有红数时，标准的计算方法应当减计该红数，如果实际计算中加计红数，则为计算符号错误。

（4）运算规则错误。即计算数据时，使用与标准不符的运算规划进行运算。例如：含有加减乘除综合运算的情况下，标准的运算规则应当先乘除后加减，如果实际运用先加减后乘除的规则进行运算，则为运算规则错误。

2. 计算过程错误。

（1）漏计，即计算数据时，遗漏应计入计算结果的数据。

（2）重计，即计算数据时，将已经计入计算结果的数据再次计入计算结果。

（3）多计，即计算数据时，计入计算结果的数据大于实际数据。

（4）少计，即计算数据时，计入计算结果的数据小于实际数据。

（5）虚计，即计算数据时，将实际不存在的数据计入计算结果。

（三）财务会计原理错误

财务会计原理错误，是指涉及财务会计核算过程中发生的原理适用错误。财务原理错误主要发生于财务预决算、财务分析和签订经济合同的过程中；会计原理错误主要发生于会计要素的确认、计量过程中。

1. 会计分录列示错误。会计分录列示错误，是指在编制会计分录时，未正确列示会计科目的原理错误。比如：

（1）科目列示错误，即没有按照会计标准选择会计科目，所列的会计科目不符合实际发生的财务业务的性质，例如：销售部门人员的工资应当计入销售费用，而错误地将其列示为管理费用。

（2）科目缺列错误，即没有列示应当列示的一项或数项会计科目，比如，对于一般纳税人企业，在确认收入的同时，确认应交增值税的税金，记为"应交税费——应交增值税（销项税额）"，该科目较容易被缺列。

（3）方向列示错误，即按会计要素变化方向的反方向列示记账符号，如将"借方"错列为"贷方"，或反之。

2. 确认和计量原则错误。确认和计量原则错误，是指在办理收入和费用核算业务时，违反确认和计量原则的原理错误。诸如以下情况：

（1）核算基础错误，通常情况下，企业以及按照企业化管理的单位的会计核算应当遵循权责发生制原则；机关、团体等非企业化管理的单位的会计核算应当遵循收付实现制原则。如果单位没有照此原则办理会计业务，即为会计核算基础错误，如企业在编制现金流量表时遵循的却是收付实现制原则。

（2）配比错误，例如：销售收入应当与销售成本、费用进行配比，以正确核算出销售利润，如果将销售收入与购置固定资产的成本、费用进行配比，则属于配比内容错误。

（3）财务收支确认错误，例如：收到本期分期收款的销货款没有列入本期销售收入，属于财务收入已经实现而未予确认；将预付费用列入本期费用，则属于提前确认尚未发生的财务支出。再如，将经营收入确认为非经营收入，或将收益性支出确认为资本性支出等。

（4）资产计价错误，例如：按照会计计价标准，为采购材料而支付的贷款费用通常情况不应当计采购成本，如果会计单位将其计入了采购成本，属于资产计价错误。运杂费应当计入材料的采购成本，如果没有计入也属于资产计价错误。

（5）会计估计错误，是指在进行会计估计或变更会计估计中，出现的违规估计或估计变更方法错误。例如，固定资产的折旧期过长或过短，固定资产的残值估计过多或者较少，不甚合理均属于会计估计错误。

3. 其他原理错误。

（1）不符合会计基本原则的其他错误。

（2）采用会计政策错误。

（3）会计政策变更错误等。

（四）手续错误

手续错误，是指在办理各种财务会计手续时所发生的，未按规定办理相关手续的错误。包括财务手续错误、会计手续错误和财务会计档案手续错误等。

1. 财务手续错误。财务手续错误主要发生于办理财务结算业务的过程中，即在办理财务业务时，未按标准的程序办理相应财务手续的错误。如无据收付、未经验收、审批手续错误、提前报账、延期报账、出具凭据手续错误等。

2. 会计手续错误。会计手续错误主要发生于办理会计处理事项的过程中，即在办理审核、结账、对账、改账及报账等会计处理事项时，未按标准的程序办理或未正确办理相应会计手续的错误。

（1）审核手续错误。例如，对会计事项进行会计处理前并未审核原始凭证、登记账簿前未审核会计凭证、银行工作人员未对月结表进行审核等。

（2）结账手续错误，即未按照会计标准进行结账的错误。例如，未进行发生额合计或累计、未进行账户余额计算等就进行了相关结账工作。

（3）对账手续错误。例如，期末未将银行存款日记账与银行对账单进行核对，未对账户余额进行试算平衡等。

（4）改账手续错误。例如，未按照画线更正法更正错账，而将账簿中错误的发生额全部数字画一条红线表示错误。

（5）报账手续错误。例如，未按照会计标准规范的披露事项编制会计报表，未审核报表内容即签发会计报表等。

3. 财务会计档案手续错误。财务会计档案手续错误，主要是指在送档、保管或利用财务会计档案资料过程中未正确办理档案管理手续的错误。包括未送档、未按规定手续销毁档案等。

（五）财务结算错误

财务结算错误，是指在办理财务收支结算业务时所发生的，未真实、正确地处理结算业务的错误。财务结算错误属于财务错误。

1. 漏报。漏报是指在办理财务收支结算业务时，遗漏应当报告或报销的收支事项的结算错误。包括漏报收入或漏报支出。例如，取得的销售收入未向财务部门报告；支出的费用未通过财务部门报销等。

2. 重报。重报是指在办理财务收支结算业务时，将已经结算过的收支事项再次办理结算的结算错误。包括重报收入或重报支出。例如，重复报销费用。

3. 错报。错报是指在办理财务结算业务时发生的，结算对象、结算内容、结算数量、结算金额等与实际不符的结算错误。包括多报、少报、反报等。多报是指结算的收支数额大于实际收支数额的错报，包括多报收入或多报支出；少报是指结算的收支数额小于实际收支数额的错报，包括少报收入或少报支出；反报是指将收入事项作为支出事项进行结算，或将支出事项作为收入事项进行结算的错报。

4. 虚报。虚报是指将实际没有发生的财务收支事项作为已发生的事项进行结算的结算错误。包括虚报收入或虚报支出。例如，没有发生的业务在账簿登记反映为虚报收入；没有发生的交通运输费用或者乘坐公共汽车费用记入到期间费用。

（六）财物收付错误

财物收付错误，是指在办理财物收付业务时所发生的收付事项不正确的错误。财物收付错误，属于财务错误。

1. 按财物收付业务类别划分。按财物收付业务的类别划分，收付错误主要表现为错收和错付两类。

（1）错收，是指在办理收取财物的业务时，没有按照正确的标的、数量、对象、时间、地点收取财物的错误。

（2）错付，是指在办理支付财物的业务时，没有按照正确的标的、数量、对象、时间、地点支付财物的错误。

2. 按财物收付内容划分。按财物收付的内容划分，收付错误主要表现为标的错误、数量错误、对象错误、时间错误、地点错误等情形。

（1）收付标的错误，即实际收付财物的种类、规格、质量与合同、票据规定的种类、规格和质量不符。

（2）收付数量错误，即实际收付财物的数量与合同、票据规定的数量不符。

（3）收付对象错误，即实际收付财物的对象（单位或个人）与合同、票据规定的对象不符。

（4）收付时间错误，即实际办理财物收付的时间与合同、票据规定的时间不符。如提前收付、延期收付等。

（5）收付地点错误，即实际办理财物收付的地点与合同、票据规定的地点不符。如装卸货物地点错误等。

三、财务会计错误的后果

财务会计错误的发生所造成的财务会计后果包括财务后果、账务后果和账实不符。

（一）财务会计错误的财务后果

财务会计错误的财务后果，是指财务会计错误的出现，对财务状况、财务成果、财务关系和财务管理等方面的影响及影响程度。所谓"影响"，是指已经造成或可以造成的财务变化。例如：资产数量的增减、资产结构的变化、盈利的增加或减少、亏损的缩小或扩大、财务关系主体的变更、财务管理内容的修正等。所谓"影响程度"，是指财务变化的具体量值，通常以用实物数量、货币价值及其他标志方法来表示。比如，财务会计错误导致了多少数量的资产流失，这一流失的数量量值越大，说明财务会计错误对财务状况的影响程度越高，那么财务后果就越严重。财务会计错误对财务的影响程度问题，需要根据具体证据判断。

例如，财务会计错误对资产的影响可能表现为资产总量的变化或资产结构的变化。财务会计错误对资产总量（数量、金额）的影响，主要表现为可以导致资产总量的增加、减少、流失等后果，例如，多收错误会导致资产总量的增加，多付错误则会导致资产总量的减少，而漏报收入错误则可能会导致资产的流失。由于净资产额为资产额与负债额的差额，因而财务会计错误对资产总量产生影响，也会累及净资产总量的增加或减少的后果。

（二）财务会计错误的账务后果

财务会计错误的账务后果，是指财务会计错误的出现对收集、加工和提供会计信息的影响及影响程度。包括财务会计错误对会计分录、账户记录、账户余额以及会计报表的影响及影响程度。所谓"影响"，是指财务会计错误造成的会计信息的变化及其变化方向；所谓"影响程度"，是指财务会计错误所导致的会计信息变化的量值。财务错误和会计错误，均可以导致相应的账务后果。

具体的账务影响有，财务会计错误对会计分录的影响，主要表现为会计分录未反映或未能正确反映财务业务的内容、会计分录反映了虚假财务业务内容等账务后果。财务会计错误对账户发生额的影响，主要表现为账户发生额未反映或未正确反映会计事项的内容、发生额反映虚假会计事项的内容等账务后果。财务会计错误对账户余额的影响，主要表现为账户余额与账户发生额的变化量不相符、账户余额之间不平衡和账户余额不真实等账务后果。财务会计错误对会计报表的影响，主要表现为会计报表项目数字与相关账户余额不相符、会计报表项目数字不平衡和会计报表项目数字不真实、不合规等账务后果。

（三）账实不符

账实不符，是指会计核算结果与财务运行结果不相符合的一种财务会计现象。这种现象可以由财务会计错误所导致，也可以由其他原因所导致。

1. 账实不符的原因。

（1）财务错误会导致账实不符的后果。由于财务错误会影响实际的财务运行结果，当这种错误未通过会计所反映时，则会出现会计核算的结果与财务运行结果不一致的情形。

（2）会计错误会导致账实不符的后果。由于会计错误会影响会计核算的结果，导致出现会计核算结果与财务运行结果不一致的情形。

（3）自然因素也会导致账实不符的后果。例如：材料、商品等实物资产的自然涨溢、自然消耗都可以导致实物数量变化，进而会出现会计核算结果与实物的实际数量不一致的情形。

（4）另外，价值的市场变化也会导致价值上的账实不符，但这不在本章所讨论的范围。[1]

2. 账实不符的类型与虚实划分。

（1）长库与短库。长库与短库，是指涉及现金、有价证券、存货等库存资产的账实不符现象。

所谓长库，是指库存资产的实际结存额大于账面结存额的现象。

---

〔1〕 价值会随市场变化而变动，而会计不可能随时随地地追踪这种变化，这就会在变化的价值运行结果与不变化的会计核算结果之间产生差异，即价值上的账实不符。会计标准中通常设计特定的时间点来调整这种差异，在两次调整之间，这种以价值差异所表现的账实不符现象一直会存在。本章主要讨论在价值不变的情况下的账实不符问题。

所谓短库，是指库存资产的实际结存额小于账面结存额的现象。比如，具体某一天的具体时间点，就出纳负责管理的现金进行盘点，与现金日记账进行核对，出现"白条抵库"情况时，就会出现现金的盘点金额小于账面数，出现短库。

（2）账实不符的虚实划分。按照账实不符产生原因的不同，账实不符可以划分为虚、实两类。其中：因会计错误引起的账实不符为虚，因财务错误或自然因素引起的账实不符为实。

3. 诉讼中遇有账实不符情形的处理。如果查账中发现账户存有弊端账项时，应当及时核查相应的资产、负债等实际状况，以便确认账实是否相符。诉讼中发现账实不符的，应及时通过司法会计检查或鉴定，确认或排除会计错误，以便确认账实不符的虚实。

第六节 财务会计资料证据的取证与识别

财务会计资料证据，是指以财务会计资料形式所表现的诉讼证据，即经过法定程序收集、固定用来证明案件事实的财务会计资料。

财务会计资料证据通常属于法定证据中的书证，也是目前诉讼中运用频率最高的书证。同时，财务会计资料证据也以法定证据中物证和视听资料证据的形式被运用。

司法会计学所研究的诉讼证据，主要是财务会计资料证据。研究内容包括财务会计资料证据的发现、收集、固定的方法；财务会计资料证据的识别方法；财务会计资料证据在司法会计鉴定中的运用等。

一、财务会计资料证据的多重性与取证要求

财务会计资料证据的多重性，是指财务会计资料证据同时具有多种证据形态和证明意义。财务会计资料证据具有书证、物证、电子证据等多种证据形态和证明意义。

司法会计学主要研究财务会计资料证据的书证作用，即财务会计资料证据能够以其记载的数字、图表、文字语言所表达的客观情况，来证明案件事实。以发票为例：发票通常是纸制的，记载了发票的类别（如普通发票、增值税专用发票、资金往来结算发票等）、发票的号码和密码（密码需要专门技术进行识别）、接受发票的单位或个人、填制时间、提供商品或劳务的类型、单价、数量、金

额、发票的联次、出具单位的公章、开票人等客观情况。收集并作为诉讼证据的发票,可能会被用于证实商品买卖、劳务结算等财务活动的事实。

财务会计资料证据作为书证,在提取、固定方面要求不高,只要能够完整地收集到即可。但考虑到物证、电子证据方面,则需要提出一些特殊的要求。

比如,电子数据证据具备可修改性,数据信息在被作为证据固定前可能已被修改,因而当作为证据固定时,其内容已发生变化,进而造成所取证据的失真;另外,采用拷贝方式收集的电子证据,从证据固定到使用的过程中,也可以被修改,造成其在被使用时的内容与原证据内容不符。其可修改性,会影响到这类证据的采信。并且证明内容和载体具有一定的技术性,电子数据的形成是计算机技术运用的结果,电子数据的存储和展示也是计算机技术的运用结果,发现、收集、固定和使用电子数据,在很多情形中需要运用一定的计算机技术,形成电子数据信息的软件本身能够以特定的技术性语言来证明案件事实。

财务会计资料证据同时具备物证的性质。财务会计资料证据能够以其载体特征、制作印迹及其所在场所等客观情况,来证明案件事实。财务会计资料中的格式或字迹特征,能够证明资料由谁采用,什么工具填制的,进而证明开票单位、开票人等案件事实;财务会计资料中的指纹等印迹,能够证明谁曾接触过该份资料,进而证明经手人等事实。财务会计资料在案件调查时的所在场所,能够证明该资料由谁保管、是否脱离了应当保管等,进而证明与之相关的案件事实。比如:发票的提货联次如果保存于发货的仓库,通常证明该批货物已经被买方提走;如果提货联尚在买方手中,则通常证明该笔货物尚未被买方提货(买方尚未得到货物)。

二、财务会计资料证据的间接性与取证要求

财务会计资料证据的间接性,是指财务会计资料证据通常归属于间接证据范畴。这里特别强调的是,就刑事案件证据,除完整记录犯罪过程的备忘录文件外,财务会计资料证据均属于间接证据的范畴,即任何一份单独的财务会计资料证据,都不能够独立地直接证明刑事案件的主要事实。

从形成机制看,完整的财务会计资料通常由具体的核算资料逐步生成较为概括的核算资料,具体的核算资料可以直接地证明案件事实的某一环节但不能反映全貌,概括的核算资料其内容并不具体,因而单一的资料无法用来直接证明案件的主要事变。例如,买卖活动中产生的发票,可以直接证明买卖活动的发生,但无法独立地证明款项的结算和商品交付等买卖活动的主要事实;依据发票、收据、银行结算票据等形成的记账凭证,其会计处理内容可能能够证明商品买卖的主要事实。

从证明客观情况的方式看，由于财务会计事实往往具有分阶段和连续性的特点，财务会计资料对其反映则必然是一个连续、系统的过程，因而如果只取其中一份显然无法直接独立地证明案件的主要事实。以买卖活动为例：商品销售通常由开出发票、交款、提货等过程构成商品买卖的主要事实。其中，买卖活动内容由发票证明、交款事实由收款收据证明、提货则由提货凭证证明，这三份证据都只能证明商品买卖活动主要事实的某一方面。

　　财务会计资料证据的间接性，要求司法会计主体应尽可能全面地收集财务会计资料证据，并恰当地据实评价每一份财务会计资料证据所能证明的案件事实的具体内容。既不要因某一份证据的证明力较强，便任意夸大其证明作用，舍其他证据而独取之；也不要因某一证据的证明力较弱，而不予收集或随意舍弃。否则，就有可能在使用财务会计资料证据证明案件事实时发生错误。

　　参考案例 3 - 6

　　在经济犯罪的案件诉讼中，有的诉讼主体会把当事人作案所用的虚假发票、虚假收据等视为直接证据，用于证明当事人虚报冒领公款、逃税等案件主要事实，这一鉴别证据类型的错误之处在于，通常收据、发票只能证明款物的结算事实，无法证明结算款项的下落与用途，因而虚假发票、收据本身并不能独立地直接证明贪污的主要事实；虚假发票可以形成虚报成本进而减少会计对应付企业所得税的计算，但是，逃税的主要事实是当事人逃避缴纳税款，这需要一系列与缴税有关的财务会计资料等相关证据才能证明。因而虚假发票本身并不能独立地直接证明逃缴税款的事实。

　　三、财务会计资料证据的技术性与取证要求

　　财务会计资料证据的技术性，是指财务会计资料证据大多是由特定的技术结构构成，并以其技术性语言内容来证明案件事实。

　　第一，财务会计资料通常是由特定技术结构构成的。如：数据结构、凭证结构、账簿结构、报表结构等。数据结构，是指相同或不同的财务会计资料中存在的，具有同一、并列、和差、乘积或比例等数据关系的结构。凭证结构，是指与某项财务会计业务有关的各种财务会计凭证之间存在的特定组合结构。不同的财务会计业务会形成不同组合的财务会计凭证。账簿结构，包括账簿的内部结构和账簿之间的结构，账簿的内部结构通常由借贷方发生额、合计额、累计额、余额等构成；账簿之间的结构构成一个单位的账簿体系，通常由总账、明细账和日记账构成。报表结构，包括报表的内部结构和报表之间的结构。如资产负债表内部是左右平衡结构；再如，一般企业单位的会计报表由资产负债表、利润表、现金流量表及其他明细报表组成，而行政单位的会计报表一般由资产负债表、费用明细表和其他明细表组成。

第二，财务会计资料通常都含有大量的技术性语言，如：各种财务术语、会计术语及其他术语。例如："借方发生额"是指反映增加资产类账户余额的发生额，"贷方发生额"则是指反映资产类账户减少方向的发生额。

财务会计资料证据的技术性，要求司法会计主体在收集财务会计资料证据时，一是应根据财务会计资料的技术构成，完整地收集相关证据，以全面地反映出财务会计资料所记录的各种技术关系；二是应注意分析和理解财务会计资料中的技术术语的含义，以便确定需要检查（或检验）的资料范围以及需要收集的证据内容。

财务会计资料证据的技术性，还要求司法机关在收集和认定财务会计资料证据时，应采用相应的技术方法和技术对策。必要时，应指派或聘请技术专家提供相应的技术协助或进行司法会计鉴定。

四、财务会计资料证据的识别

（一）财务会计资料证据识别的属性

财务会计资料证据的识别，是指对作为证据使用的财务会计资料内容的真实性、正确性和合规性，应如何确认以及应由谁来确认的问题。

所谓财务会计资料的真实性，是指其所记载的内容如实反映了财务会计业务、财务状况及财务成果等客观情况。例如：发票所记载的买卖活动的日期、主体、内容等反映客观情况，即为真实；如果发票所记载的买卖活动不存在，则为虚假。

所谓财务会计资料的正确性，是指其所反映的核算方法及各种数据计算等正确无误。例如：发票所记载的单价与数量的乘积与金额相符，即为正确；如果不相符，则为错误。

所谓财务会计资料的合规性，是指其所反映的经济活动内容及资料的形成符合有关财务会计标准的要求。例如：发票来源于税务机关并按照发票规定的内容进行了完整的记载，即为合规；如果发票系伪造的或没有按照规定填写内容，则为违规。

财务会计资料所反映的内容是否真实、正确和合规，与其能否被作为证据使用无关。财务会计资料只要符合证据属性，其所记载的内容无论真假、对错、是否合规，都可以作为诉讼证据使用，但其证明意义可能不同，即所证明的案件事实内容不同。确认财务会计资料证据的内容是否真实、正确、合规，是正确使用这类证据证明案件事实的前提，并直接影响着诉讼主体对案件事实的认定。所以，财务会计资料在被用作定案的根据前，必须对其所记载的内容的真实性、正确性和合规性进行识别。

（二）财务会计资料证据的识别途径与方法

财务会计资料证据的识别，有技术识别和非技术识别两个途径。

1. 技术识别。技术识别，是指采用相应的技术方法对财务会计资料证据进行识别。具体技术常见的有司法会计鉴定、笔迹鉴定以及印章鉴定等。比如：司法会计鉴定可以直接识别会计资料所反映的会计处理是否真实、正确、合法。例如：通过对记账凭证所列会计分录的真实性、正确性、合规性问题进行司法会计鉴定，可以证实该会计分录是否真实、正确和合规。再如：通过对借条中借款人的签名与相关当事人签名的字迹是否符合同一书写习惯问题的笔迹鉴定，可将鉴定意见用于识别借款人是否为相关当事人的问题。

2. 非技术识别。非技术识别，是指采用询问、讯问等方法对财务会计资料证据进行识别。具体工作有两项：一是通过询问或讯问，了解有关财务会计业务的内容、背景等，直接获取判断财务会计资料真实性、正确性、合法性所需的信息。例如：犯罪嫌疑人供认伪造、变造或虚开发票的相关信息，即可以判断发票的真实性。二是通过询问或讯问，对财务会计资料证据进行质证，确认这些证据是否存在虚假、错误或违规等情形。

（三）财务会计资料证据的识别分工

司法会计学所研究的财务会计资料证据的识别分工，主要是指司法会计鉴定人与诉讼案件承办人员及其他诉讼主体之间，在财务会计资料证据识别问题上的诉讼分工。

财务会计资料证据的识别分工，由识别主体的诉讼职责和可以使用的识别途径决定。司法会计鉴定人的诉讼职责是解决案件中的财务会计问题，且只能通过技术途径来识别财务会计资料证据；送检方的诉讼职责往往足以查明案件事实，其可以采用司法会计检查技术和非技术方法来识别财务会计资料证据；其他门类的司法鉴定专家的诉讼职责是解决诉讼中相关专业性问题，其可以采用除司法会计鉴定技术以外的其他鉴定技术手段来识别财务会计资料证据。

财务会计资料识别分工的基本原则是：识别内容涉及财务会计技术方面问题的，由司法会计鉴定人识别；不涉及财务会计技术或涉及其他专业技术的识别内容，由案件承办人员或其他专业技术人员识别。

1. 司法会计鉴定人的识别范围。具体包含：会计分录的真实性、正确性、合规性的识别问题；账户记录的真实性、正确性、合规性的识别问题；各类财务、会计报告项目内容的真实性、正确性、合规性的识别问题；各类专门财务会计核算方法（如成本、利润、税金、无形资产、投资）是否正确、合规的识别问题；财务会计资料所涉及的其他与财务会计技术运用形成内容的识别问题。

2. 案件承办人员、其他鉴定人的识别范围。具体包含：财务凭证所记载的财务业务内容的真实性识别问题，如发票内容真实性的识别问题，涉及非技术方法的运用；财务会计资料所记载的制作时间、填制人、业务经办人等内容的真实性识别问题，这些问题涉及非技术方法和笔迹鉴定、字体鉴定等技术方法的运用；财务会计资料中各种物质印迹的遗留人的识别问题，这一问题涉及非技术方法和指纹鉴定、印刷品鉴定等技术方法的运用；财务会计资料所涉及的其他非财务会计技术内容的识别问题。

第七节　财务会计资料证据的证明力

财务会计资料证据的证明力问题，主要是指财务会计资料证据能够证明财务会计事实的证明能力及其证明程度的问题。

所谓证明能力，是指某一财务会计资料能够证明相应的财务会计事实。从这个意义上讲，凡是与财务会计事实有关的财务会计资料对该事实都有证明力，反之，则没有证明力。

所谓证明程度，是指某一财务会计资料能够在什么程度上证明相应的财务会计事实。对一份财务会计资料证据而言，其对某一财务会计事实的证明程度高，其证明能力就强，反之，其证明程度低，其证明能力就弱。

一、常见财务资料证据的证明内容

财务资料证据通常可以证明下列财务事实：

（一）证明经济活动的类型及财务关系

财务业务的类型，是指财务业务类别的归纳。如商品交易、劳务交易、票据交易、货物流转、款项结算、利润分配、债权债务的形成、债权清算、债务清偿等。财务资料证据证明财务业务类型的方式主要有：对财务事项的文字说明；财务凭证的类型及文字说明。财务资料证据在证明财务业务内容的同时，也就证明了相关的财务关系。例如：证明款项结算的财务凭证，同时可以证明债权债务关系的发生或结束。

（二）证明财务主体

财务资料证明财务主体的内容通常有：有关财务主体的姓名或名称记载；相关财务主体的签名、印章；财务凭证中印制的单位名称。此外还包括财务资料中记录的单位代码、银行账号；财务资料证据的出处；财务资料中遗留的字迹、指纹等。

（三）证明财务业务的地点

财务业务的地点，是指财务业务的发生、发展和结束所涉及的地点。如合同签订地、合同货物的交付地与存放地、款项交付地、劳务提供地及其他合同的履行地等。证明财务业务地点的财务资料证据主要有：发票、出入库凭证、出门证、合同等。

（四）证明财务业务的原因和根据

财务业务的原因，是指产生、终止财务业务的原因。如款项结算原因、款项支付原因等。财务业务的根据，是指产生或终止财务业务的依据，如商品交易的根据、提供劳务的根据等。其方式主要有：财务资料证据中文字说明的原因和根据；财务资料证据中原因栏的痕迹；财务资料证据中依据栏记录的文字或数字。

（五）证明财务业务的时间

财务资料中记载财务时间的内容主要有：由文字或数字写明的时间；章讫印制的时间。时间上有关联性的财务资料证据中记录的时间；财务资料证据中记录的相关财务资料的购买或印制时间；能够证明财务行为人活动实践的财务资料证据中记录的时间。比如：出租车发票记载的时间可以证明乘车人办理某项财务业务的时间。

（六）证明财务业务数量、价格与金额

财务业务的数量是指财务业务中涉及的商品（物品）数量、劳务数量及其他财务事项的数量；财务业务的价格是指财务业务中涉及的单位价格或整体价格；财务业务的金额是指财务活动涉及的价值总额。

（七）证明财务业务结算方式

能够证明财务结算方式的财务资料主要有银行结算票据、发票和收据。财务资料证据证明结算方式的内容主要有：财务资料书写载明的结算方式；结算票据中印制的票据类型；财务资料证据中结算章讫的类型；财务资料证据中结算栏中勾画的结算方式。

（八）证明财务业务的完成情况、业务成果

能够证明财务业务完成情况的财务资料包括各类结算票据、合同等。其内容主要有：财务资料记载业务完成程度的说明；合同中规定的业务量与履行合同资料记载的完成量；处理某项财务业务的全部财务资料对完成程度的记载。能够证明财务业务成果的财务资料主要有各类财务报告。财务资料证据中证明财务业务成果的主要内容是有财务成果的表述和说明。

（九）证明财务单位或个人的财务状况

证明财务状况的财务资料主要有财务收入凭证、财务支出凭证、银行对账单、存款单、生产统计资料、经营统计资料、资产清查记录等。财务资料证据主要通过其所记录的财产数量、金额来证明财务状况。

（十）财务资料的来源、原始性与完整性以及财务错误

财务资料的来源，包括财务资料的印制来源、财务资料的出具来源等。印制的财务资料中印刷的单位名称、代码等，可以证明财务资料的来源。财务资料中的公章及姓名记录，可以证明财务资料是由哪个财务关系人出具的。

财务资料的原始性与完整性，包括空白财务资料是否被使用，财务资料有无伪造、变造、毁损，财务资料是否完备等。财务资料证据证明财务资料原始性与完整性的方式主要有：财务凭证证据中的张联记录；财务资料证据中的书写或打印痕迹；财务资料证据中的涂改痕迹；财务资料证据中的毁损痕迹。

财务资料证据证明的财务错误情况，包括财务错误的行为人、行为内容及行为后果等。前述财务资料证据的内容存在错误时，均可用来证明财务错误的内容。

二、常见会计资料证据的证明内容

（一）证明会计业务的处理时间

会计业务的处理时间，包括会计凭证的填制时间、会计账簿的登记时间、结账时间和会计报表的编制时间等。其方式主要有：会计资料证据中记录的会计业务处理时间；会计资料证据中记录的凭证编号；会计资料证据中记载的添加痕迹。

（二）证明会计处理的行为人

会计处理的行为人，包括会计凭证的编制人、记账人、报表编制人、会计审核人、会计主管人、单位负责人等。方式主要有签字或盖章、会计记录中的笔迹。

（三）证明会计事项的账务处理方法

会计事项的账务处理方法，包括会计账户的设置、会计分录的编制方法、会计报表的编制方法等。方式主要有：记账凭证中的会计分录，可以证明会计记账方法；会计账簿中记录的账户名称，可以证明会计账簿的设置方法；会计账簿中有关会计事项的记录位置，可以证明会计处理的实际方法；会计报表中的会计核算结果的记录位置，可以证明会计报表的编制方法。

（四）证明会计处理结果

所谓完全的账务处理，是指账务处理已全部完成，所有核算结果已经纳入法

定的会计报表。所谓部分的账务处理，是指在账务处理的某一环节上被中断，如编制记账凭证，但未登记账簿。方式主要有：完整的会计处理记录；不完整的会计处理记录；无账务处理记录。

（五）证明会计资料的原始性与完整性

会计资料证据证明会计资料原始性与完整性的方式主要有：连续的会计凭证编号；记账凭证与所附原始凭证的记录相符；会计凭证与账簿的记录相符；会计账簿中有关余额记录连续；会计报表与法定报表的类型相符。

（六）证明会计处理习惯

会计处理习惯，例如：会计凭证的编号习惯、会计业务摘要的表述习惯、会计分录的编制习惯、会计凭证附件的整理习惯、更改账目习惯等。方式主要有：会计资料中连续记录相同或相似会计事项所体现的习惯；会计资料中重复进行的同类会计处理事项所体现的习惯等。

（七）证明会计错误

会计资料可以证明的会计错误情况，包括会计错误的行为人、行为内容及行为后果等。前述会计资料证据的内容存在错误时，均可用来证明会计错误。

三、财务会计资料证据的证明程度

财务会计资料证据可以证明财务会计事实。但是，就具体的财务会计资料证据而言，受证据记录内容的完整性、证明的角度和证明的方式等影响，其所能够证明财务会计事实的程度是不同的。

运用财务会计资料证明财务会计事实时，往往需要一套相当完整的财务会计资料证据。但就大多数案件而言，很难具备这样一套完整的财务会计资料。

（一）单一财务会计资料的证明限度

1. 单一财务会计资料证据，在物证意义方面的证明程度是极高的。它能够直接证明财务会计资料的存在、财务会计资料被收集时的位置及保管者是谁。其所承载的物质痕迹则需要通过相应的物证鉴定（如笔迹、指纹鉴定等），才能揭示其物证意义。

2. 单一财务会计资料证据，其书证意义是有限的。例如：已被使用的发票，存根联，可以直接证明该发票是否被利用的事实，但除个别情形外通常不能证明发票是否已被出具；记账联，可直接证明销售单位应当提供的货物或劳务的数量、单价以及应当收取的货款金额，但在证明货物的实际发出、劳务的实际发生以及价款的实际结算情况时，则需要借助于其他证据；发票联，可以直接证明购货单位应当收取货物或接受劳务的数量、单价以及应当支付的货款金额，但在证明货物的实际收取、劳务的实际发生以及价款的实际结算情况时，除发票联中盖有专门的结算章讫或文字说明外，也需要借助其他财务会计资料来证明；提货联，可以直接证明货物是否发出，但除提货联中盖有专门的结算章讫或文字说明外，不能用于证明价款的结算情况。

3. 单一的财务会计混合凭证可以同时证明相关的财务和会计事实。例如：银行保存的已经结算使用过的银行票据，可以同时证明收付款财务事实和银行的会计处理事实。

4. 单一会计资料，只能证明其所记载的会计处理内容及核算结果，不能证明相关的会计处理内容及核算结果。例如：记账凭证只能证明已经受理的会计事项及会计处理的内容，但不能证明实际记账结果，实际的记账结果需要借助于账页来证明；账页只能证明该账页所记录的某账户记账情况及核算结果，但不能证明该账户其他账页的记账及核算情况，也不能证明与所记发生额与相对应的其他账户的记账情况及核算结果。

5. 会计账簿及会计报表中的余额、项目金额等，直接证明会计核算的结果，但不能直接证明实际的价值运行结果。

6. 单一财务会计资料中缺乏需要证明内容（如未填列金额）时，其在证明该需要证明事项（金额）的书证意义时受到完全的限制，即不能用来直接证明需要证明事项。

参考案例 3 - 7

甲公司的小金库账目中包含每月开出的卖下脚料的收款收据。审计人员将其视为小金库的现金收入，计算出小金库短库现金 20 万元。怀疑出纳将短库的现金贪污，随即报告检察机关。侦查中，检察机关指派司法会计专家对小金库现金应结存额与实际结存额是否相符的问题进行鉴定。检查发现，收款收据都是甲企业开具给乙企业的，而乙企业却是甲企业的主要材料的供应商，收购下脚料后可以再生产为甲企业所需要的主要材料。司法会计专家认为，通常情况，乙企业并不需要支付给甲企业下脚料款，直接从收取甲企业的原料款中扣除即可。甲企业开具的收款收据只是作为债权债务的结算凭证，而非实际收取了现金，侦查人员到乙企业查明收款收据的实际意义。侦查结果仅仅是抵消用的结算凭证，应结存额与实际结存额相符，为平库。

（二）组合财务资料的证明限度

组合财务资料是指某一财务活动中或某项财务活动中所形成的全部财务资料。

1. 组合财务资料能够证明的财务事实。某一财务活动中所形成的组合财务资料，通常能够证明某一具体的资产交付与资金收取、某一具体的债权债务的发生或结算所涉及的财务内容与财务手续等财务事实。某项财务活动中所形成的组合财务资料，通常能够证明该项财务活动所涉及的全部财务活动内容与财务手续等财务事实。

2. 组合财务资料在证明财务事实中的限度。组合财务资料中缺乏对特定需要证明事项的表述或表述不清的，不能证明需要证明事项的具体财务内容。例如：收据中未填写收款事由的，可以证明款项的交付，但不能证明交付款项的原因。

组合财务资料中缺乏必要的财务手续记录或记录不当的，则不能证明相关的财务行为人是谁。例如：没有业务经办人签名、盖章的组合发票，可以证明交易的时间、地点、事项、金额等财务事实，但不能证明业务经办人是谁。

组合财务资料中缺乏必要的资料的，其不能证明该资料所能够证明的财务事项。例如：非即时交易的组合发票中，缺乏提货凭证的，则不能证明货物的提货地点和提货时间。

另外，受财务资料记录的真实性的影响，即使资料较为完整，其真实性也需要通过会计资料证据或其他诉讼证据予以支持，才能真正起到证明全部财务事实的作用。例如：付款资料中收款人的签名，往往需要笔迹鉴定或当事人的证言才能确认其真实性，这是因为在许多特定案例中，付款资料中虽然有收款人签名，但实际的收款人却是他人。

3. 组合财务资料不能证明会计事实。除混用凭证的情形外，完整的组合财务资料，不能证明会计事实。这是因为会计事实总是发生在相关的财务事件之后，且单独形成会计资料。

（三）组合会计资料的证明限度

组合会计资料，是指某项会计处理中或某类会计处理中所形成的全部会计资料。某项会计处理所形成的全部会计资料，是指处理某项会计事项所形成的会计凭证、会计账页等会计资料。某类会计处理形成的全部会计资料，是指在特定时期内，处理与某一会计要素有关的全部会计业务所形成的全部会计资料，通常是指某一会计账户所涉及的会计凭证、账簿和会计报表项目资料。

1. 组合会计资料可以证明的会计事实。某一会计处理所形成的全部会计资料，通常包括记载该项会计处理内容的记账凭证以及记录该项会计处理事项的所有账页，可以证明该项会计处理的全部内容及核算结果。某类会计处理所形成的全部会计资料，可以证明该类会计业务的全部核算内容及核算结果。

2. 组合会计资料对会计事实的证明限度。与组合财务资料相似，受会计记录真实性的影响，即使资料较为完整，其真实性也需要通过相关诉讼证据予以支持,才能真正起到证明全部会计事实的作用。例如:会计记账凭证中缺乏制单人签名的,则需要通过笔迹鉴定以及相关人员提供的言词证据确认其会计凭证的制作者。

3. 组合会计资料对财务事实的证明限度。组合会计资料可以在一定程度上证明财务事实。由于会计资料通常不是在财务活动中直接形成的,因此,会计资料一般不能直接证明财务事实。但是,会计资料毕竟是在对财务事实进行反映、控制和监督中形成的,因而对财务事实具有佐证意义。例如:发票中未能反映款项的结算方式,收付款单位会计资料均显示为现金结算,则该会计资料间接地证明结算方式为现金。

？思考题

1. 如何区分财务事实和会计事实?
2. 财务标准和会计标准都有哪些?具体查证内容是什么?
3. 简述财务会计错误三要素的具体内容,并举例说明。
4. 简述财务会计错误成因的判断原则。
5. 简述财务会计错误的后果。
6. 简述财务会计资料证据的识别方法。
7. 列举常见的会计资料证据的证明内容。

第四章 查账取证方法与程序

本章教学目标：

　　本章教学的重点和目的，是使学生掌握基本的查账程序和方法，能够在线索明确的情况下独立实施查账取证，同时掌握组织各种特定情形下查账取证的操作要点。

第一节 查账的技术方法

　　查账的技术方法，是指对财务会计业务及财务会计资料的检查方法。查账的技术方法主要有：审阅法、复算法、核对法、比较法、勘验法、类推法、计算机辅助法。

　　一、审阅法

　　审阅法，是指通过阅读诉讼涉及的财务会计资料，检查案件中的财务会计业务，寻找、发现和收集诉讼证据的一种会计检查方法。

　　审阅法是所有会计检查活动中都必须采用的一种方法。审阅法主要用于对会计资料、其他经济信息资料及管理资料等各种书面资料的审查，以取得书面证据。具体可以查明的内容或者证据事实主要包括以下几个方面：

　　1. 查明需要查证的财务会计事项在有关财务会计资料中的记载情况，以便收集和固定本案的证据。例如，银行结算户存款日记账短期内有收付两笔金额相同的业务，其对方科目均为其他付款，这就有可能是用实现收款代为转手购进紧俏的原材料，然后付款归还，从中非法盈利，中饱经办人私囊。

　　2. 查明财务会计资料中有无记载违法犯罪事项或嫌疑账项，以便查找或发现案件线索。例如，在审阅产品成本核算资料时，发现实际耗用工时与定额耗用工时相距甚远，则应审阅考勤记录和派工单（或生产任务通知单）等资料，以查明该单位是否存在弄虚作假、变相发放奖金或加大成本以逃避税收、截留收入的舞弊行为。

3. 查明有关财务会计资料证据的出处，以便审查这些证据的合法性、真实性和完备性。会计资料及其他资料应真实、准确地反映单位各项经营活动的过程和结果，如果资料反映的情况和实际活动不符，则被检查单位就有弄虚作假的可能。相关的会计账户都有明确的对应关系，而每个账户都有固定的核算内容，如果任意变动每个账户的核算内容，甚至将不相关的账户对应起来，一般都存在造假行为。如将投资收益、其他收入与应付款账户对应，或将应收款账户与费用账户对应、收入账户与应付款账户对应，以达到转移收入或支出的目的。

通过审阅财务会计资料，还可以确认当事人或财务会计机构提供检查的财务会计资料是否完备、有无遗漏。

二、复算法

复算法，是指通过重新计算财务会计资料中的合计、累计、余额、乘积等数值，查明资料所记录的计算结果是否正确的一种司法会计检查方法。复算法又称"验算法"或"核实法"。

采用复算法，可以发现和确认有关财务会计资料制作中的计算错误（或计算结果的记录错误）。发现这些错误的诉讼意义在于它们可能含有嫌疑账项或者需要实施司法会计鉴定的情形。

在司法会计活动中，遇有下列情形时，必须采用复算法进行检查：

1. 准备提取并作为证据使用的各种财务会计资料中的各项计算结果。如果在提取证据前发现计算错误可以及时查明原因，但如果在提取时没有发现计算错误，而在后续诉讼中被发现，该证据的证明意义将会被打折扣，甚至失去证明价值。

2. 重点检查各种财务会计资料中的计算结果。在很多案件中都会确定一些重点检查的账项。对这些账项中的计算结果进行复算，可以发现嫌疑账项。

3. 检查中发现某一计算结果所含计算项的数量或数值有误时，应对该计算结果进行复算，以确认该结果是依据正确的项目数值，还是依据错误的项目数值计算得出的。

参考案例 4 – 1

会计凭证列示发生额为 50 万元，而账簿中登记的发生额却是 5 万元。账簿发生额是账户余额计算结果的计算项，账簿发生额出现少记错误，会导致账户余额的少计。因此，发现这一记录错误时应当复算账户余额，以便确定账户余额是按照 50 万元还是按照 5 万元计算结算的。

4. 通过其他检查方法或途径发现的与实际情况不相符的计算结果。

参考案例 4 - 2

当事人的陈述表明甲单位欠乙单位的货款，而甲单位的"应付账款——乙单位"账户却出现了借方余额，反映甲单位不仅不欠乙单位货款，反而预付了乙单位货款。这个计算结果与当事人陈述不符，因而应当复算该账户余额。

三、核对法

核对法，是指对两个或两个以上有同一关系或钩稽关系的财务会计记录、数值进行审核对照，审查其是否一致或相符的一种司法会计检查方法。

在采用核对法时，必须结合相应的其他稽查技术，才能达到有关稽查目标的要求。所谓两个以上具有同一关系的记录或数值，主要是指两份以上财务会计资料同时对同一财务会计业务进行记录所形成的记录或数据，例如发票的存根联、记账联、发票联列示的日期、内容、数量、单价、金额等内容都是同时形成的，其内容也应当是同一的；所谓两个以上具有勾稽关系的记录或数值，是指两份以上财务会计资料之间具有符合特征关系的记录与数值，比如会计凭证与账簿发生额之间、账簿发生额之间、账簿余额之间、账簿余额列示在会计报表项目数据之间都会存在着相符性关系。据此，核对法的应用包括票据核对、证证核对、账证核对、账账核对、账表核对、账实核对、表表核对等。

采用核对法，可以发现和确认财务会计记录中，有无漏记、错记、重记等记录错误。发现这些错误的诉讼意义在于它们可能含有嫌疑账项或者需要实施司法会计鉴定的情形。

司法会计活动中，可能需要进行核对的财务会计记录常常涉及以下情形：

（一）票据核对

票据核对，主要是指对有关联的各种财务票据之间进行的核对。将会计资料同其他原始记录进行相互核对，查明有无问题。这些重要的原始记录包括核准执行某项业务的文件、单据的联次、生产记录、实物的入库记录、出门证、出车记录、托运记录、职工名册、职工调动记录、考勤记录及有关人员的信函等。将有关账面记录与第三方的对账单进行核对，查明是否相符、一致。例如：将单位的银行存款日记账同银行提供的对账单进行核对，将应收应付账款与外来的对账单进行核对等。

（二）证证核对

证证核对，主要是指原始凭证与记账凭证之间的核对。证证核对，包括原始凭证与相关原始凭证、原始凭证同原始凭证汇总表、记账凭证同原始凭证以及记账凭证同汇总凭证之间的核对，主要根据其所列要素，核对其内容、数量、日期、单价、金额、借贷方向等是否相符。核对证与证之间的有关业务内容是否一致，包括经济业务的内容摘要、数量、单价、金额合计等。核对记账凭证上载明的所附凭证张数与实际张数是否相符，还应该对汇总记账凭证与分录记账凭证合计，看二者是否相符。核对记账凭证与原始凭证，因为记账凭证是根据原始凭证编制的，所以记账凭证上的有关内容必须与所附的原始凭证上的内容一致。有些业务的原始凭证没有错弊，而在编制记账凭证时出现了错弊，对此可通过核对记账凭证与原始凭证是否相符来查实。

（三）账证核对

账证核对，主要是指原始凭证、记账凭证与会计账簿之间的核对。一切账户都是根据会计凭证登记的，明细分类账根据记账凭证登记，总分类账大多根据凭证汇总登记，彼此应当完全相符，所以会计账簿与会计凭证就发生了直接的对应关系。通过会计账簿与会计凭证二者核对，可发现并查证有无多记、少记、重记、漏记、错记等会计错弊。

进行账证核对，一般采用逆查法，即在审阅有关账户记录时，如对某笔业务产生怀疑可将其与记账凭证及原始凭证进行核对，从而证实有无会计错弊。如在审阅现金或银行存款日记账时，发现某笔付款金额较大，摘要说明模糊甚至未填写内容，可以根据日记账中所说明的该笔业务的日期、凭证号码，找出该记账凭证和原始凭证，将二者进行核对，核查分析其有无不相符或业务内容不合法的问题。

（四）账账核对

账账核对，主要是指日记账簿、明细分类账簿与总分类账簿之间，不同级别的明细分类账簿之间的核对。总账余额与所属明细账余额之和必须相符，余额方向必须一致，所有资产总账余额与所有负债与权益总账余额之和必须相符，方向必须一致。通过对存在必然联系的几个或几个科目之间的相互核对，可发现有无会计错误或者舞弊的存在。

参考案例 4 - 3

"库存商品"明细账与"主营业务收入"明细账对于库存商品销售业务存在着双方记录的对应关系，通过"库存商品"明细账与"主营业务收入"明细账核对，可发现被查单位有无隐瞒主营业务收入的会计舞弊行为。有的企业为了压低销售收入、压低利润额以达到减少销售环节流转税、所得税或其他税款的目的，将自产自用产品的业务不作销售处理，即本应借记"管理费用""在建工程"科目（或其他有关科目），贷记"主营业务收入"和"应交税金——应交增值税"科目的会计业务，却作了借记"管理费用""在建工程"科目（或其他有关科目），贷记"库存商品"科目的账目处理。

进行账账核对，需将发生对应关系账簿中的业务逐笔逐项进行核对。不仅要核对金额、数量、日期、业务内容是否相符，还要核查分析共同反映的经济业务是否合理、合法、是否在表面相符的情况下隐藏着营私舞弊行为。

（五）账表核对

账表核对，主要是指会计账簿与会计报表之间的核对。核对总分类账、明细分类账与各报表的相关项目数据是否一致，查明账表是否相符。账表核对的重点是对账、表所反映的金额进行核对，通过账表核对，可以发现或查证账表不符或虽相符却不合理、不合法的会计错弊。

进行账表核对，必须熟悉各类账簿与各类报表中的哪些项目或内容发生直接或间接的对应勾稽关系。例如，"库存现金""银行存款""其他货币资金"账户余额与资产负债表中的货币资金项目有直接的对应关系。又如，对于商业企业来说，库存商品应根据其采用进价核算制还是售价核算制来决定账表中相应项目有怎样的对应关系。如采用进价金额核算制，则"库存商品"账户余额与资产负债表中的"库存商品"科目就有着直接的对应关系。账表对应关系中还有很多。因此在进行账表核对时，应根据账表项目的不同内容，确定其存在怎样的对应关系，由此来决定核对工作应当如何进行。

（六）账实核对

账实核对，主要是指账面记录数额与实际数额之间的核对。会计报表或账目反映的有关财产物资的存在性是财产所有者普遍关心的问题。核对账面上的记录与实物之间是否相符，是核对的一项重要内容。核对时，查账人员应将有关盘点资料同其账面记录进行核对，或是将查账时实地盘点获得的结果同其账面记录核对。通过以上核对，发现其中差异所在。往往有些差异还需要进一步审查。如需再进行审查的，查账人员应分析判断产生差异的原因及后果，然后确定需要采用的检查方法并实施更深程度的审查。

（七）表表核对

表表核对是指报表之间的核对。通过表表核对，可检查各报表之间有无不正常关系，应该存在的勾稽对应关系是否存在，依此检查被查单位有无会计错弊，也可据以分析评价被查单位的经营与财务状况。例如，将利润表与利润分配表进行核对，以分析检查两表的"利润总额"项目的金额是否相符。如果不相符，应进一步进行账表核对，检查其究竟是编错表的会计错误，抑或是故意搞错以达到某种不良目的的会计舞弊行为。

（八）其他核对

其他核对包括生产记录与入库单之间的核对；会计账簿与会计交接记录之间

的核对；会计凭证、会计账簿与财产清查资料之间的核对等。

四、比较法

比较法，是指通过对两个或两个以上财务数值或比率进行比较，寻找和确认检查重点的一种司法会计检查方法。

采用比较法，可以发现财务会计资料中不合乎常规的记录，这类记录应当是进一步检查的重点账项，即比较法主要用于查找重点检查账项的情形。比较法主要包括数值比较和比率比较两类。

（一）数值比较

数值比较，主要是指对两个或两个以上同类财务指标的数值进行的比较。如：比较单价、比较业务量、比较库存量、比较销售额等。

数值比较通常是对一定时期内的相同业务的数值进行比较，即比较同类业务中的相同事项的单价、数量、金额等；但也可以对不同时期的相同业务总量进行比较，如发货量、库存量、业务量等。

（二）比率比较

比率比较，主要是指对两个或两个以上财务指标的比率进行的比较。

比率比较通常是对不同时期的相同比率进行比较，如资金利用率、费用率、利润率、损耗率等。比率比较中所用的数值，需要司法会计主体利用原始的记录进行计算才能得出，因而比率比较需要有一定财务会计知识的人才能运用。

五、勘验法

勘验法，是指通过对诉讼涉及的现金、存货等资产进行现场点验，以查明这些资产实际结存情况的一种司法会计检查方法。

勘验法是采用现场勘验形式进行的一种司法会计检查活动，常用于对现金、有价证券、存货、固定资产等资产数量的检查，其目的是固定各种实物资产的实际存量。采用勘验法时需要事先了解被勘验财物的存放地点，并准备好勘验表格以方便及时记录勘验结果。现场清点财物时，应当由一人先清点，另一人复点，以保证清点数量的准确性。清点完毕后，应当制作《勘验、检查笔录》，由参加检查的诉讼主体、见证人签名，并将现场形成的清点记录作为附件。

六、类推法

类推法，是通过不同事物的某些相似性类推出其他的相似性，从而预测出它们在其他方面存在类似的可能性的方法，具体到司法会计上，是指利用财务会计业务所反映出的某些财务特征或会计特征，从而发现新的犯罪嫌疑账项或解释这一特征的办案意义的一种案件调查查账技术。

类推法的主要技巧在于观察、分析已发现犯罪事实中财务会计业务的财务特征和会计特征，并利用这类特征寻找其他具有同类特征财务会计业务中是否存在类似犯罪活动。

类推中可以利用的财务特征和会计特征主要有：财务主体特征；财务标的特征；财务量值特征；账户特征；更改痕迹特征以及外加标志特征。

例如，外加标志，是指财务会计业务经办人，为了区别同类业务中的特殊业务或标出某种特定事项，而在财务会计资料的特定位置或使用特殊符号所作的区别标记。外加标志特征，主要是指外加标志的位置、图形等方面的特征。外加标志位置特征，主要表现为已经发现犯罪事实涉及的财务会计资料中外加标志在资料的具体部位，如：上部、下部、右部、某项印制文字之后等。外加标志图形特征，主要表现为已经发现犯罪事实涉及的财务会计资料中外加标志的形状，如：文字、圆圈、标点、对号、叉号等。

为了破获贪污贿赂案件，在发现作案用财务会计资料中有外加标志时，可以利用类推法来破解外加标志的含义，进而查明犯罪嫌疑人。

外加标志含义的破解方法，主要是通过检查相同类型的财务会计资料，寻找这些资料所反映出的财务会计业务特征，进而确定标志的含义，确定相关案件事实。

七、计算机辅助法

计算机辅助法，主要是利用计算机的计算功能完成案件调查查账中所需的数据计算、数据查询、数据整理等工作的案件调查查账辅助技术。

（一）票据整理

票据整理，即对案件调查查账涉及的各种财务凭证，根据具体查账需要，进行整理排序。

（二）复记账

复记账，即利用计算机对有关会计账目进行重新登记。比如：会计软件提供复核记账实际上就是出纳人员对总账的现金和银行存款凭证进行复核登账的过程，是将总账的有关现金、银行存款数据引入到现金管理系统的一种方式。

（三）核对

利用计算机进行核对，主要包括同一财务凭证不同张联之间的核对；复记账簿与原账簿发生额之间的核对、银行存款日记账与银行对账单之间的核对等。

（四）查询

利用计算机查询，即根据案件调查查账的需要，将已输入计算机的资料，按特定条件查找符合条件的账项。会计软件均提供联查功能，在当前报表上，选择要进行数据联查的单元格，在弹出的菜单中选择联查功能，可以是总分类账、明细分类账、数量金额总账、数量金额明细账中的任意一种，即可根据当前单元格取数公式中设置的取数科目，联查到总账系统中相应的账簿。根据账簿中的一行记录信息，可以联查到具体登记其信息的依据——记账凭证。

（五）电算数据利用

这里所谓的电算数据，专指利用计算机形成的财务会计信息。对已经形成的电算化资料，可以利用计算机系统直接进行票据整理、核对、查询等检查工作，而省略了数据的输入过程。

第二节　查账取证程序

查账取证程序，是指通过查账获取财务会计资料证据的步骤，包括查账准备、实施查账和特殊情形的处理。

很多情况下，诉讼主体到某个单位通过查账取证，可能获得被查单位的协助，这往往会免去亲自查账的一些麻烦，因此，此处所述查账取证程序，则是指完全由诉讼主体通过亲自查账找到所需财务会计资料证据的步骤。

一、查账取证的准备工作

在办理具体案件的过程中，对是否需要通过查账收集和提取证据的问题，应根据调查和审理案件的需要而定。一经确定需要进行案件调查查账时，应迅速做好如下准备工作：

（一）确定查账取证的具体目的

查账取证的具体目的，是指一次具体的查账活动所要查明的具体案情的内容。为什么要实施此次查账，这是任何案件调查人员在实施查账之前首先需要明确的问题。

实践中，查账取证的具体目的可能涉及：

1. 被查单位或个人是否收到某笔款项或实物、收款收物的原因或依据、收取的款物去向与用途、相关经手人或批准人是谁；

2. 被查单位或个人是否支付某笔款项或实物、付款的原因或依据、支付所用款物的来源、支付款物的去向与用途、相关经手人或批准人是谁；

3. 被查单位或个人与案发单位、被举报人、犯罪嫌疑人或相关单位、个人之间有哪些往来账项、往来账项的形成原因、具体的各次往来账项内容、往来账项是否已经结算完毕或目前余额；

4. 被查单位或个人接受过哪些投资者的投资、投资的方式与数额、投资是否到位、投资是否撤回、接受投资款物的实际用途、接受投资产生收益的分配方法与分配金额；

5. 被查单位或个人是否存在投资活动、投资的类型与方式、投资的时间与数额、投资是否撤回、是否收到过投资收益、投资收益或投资损失的处理；

6. 被查单位或个人现存货币资金或其他资产的数额；

7. 被查单位是否对上述财务事项进行了账务处理以及处理结果等。

参考案例 4 - 4

侦破某个案件时，侦查员在追查赃款去向的过程中从银行获取的书证显示，2008 年 10 月 8 日有 100 万元赃款从甲单位的银行账户付至乙单位的银行账户。侦查人员需要到乙单位通过查账取证调查赃款的下落和用途。到乙单位之前，侦查人员需要做好查账取证前的准备工作。侦查人员到乙单位进行查账取证的目的包括，查明乙单位是否收到了这 100 万元？为什么收取这 100 万元？假设乙单位是借被举报人 100 万元，借钱做什么用？假设被举报人是归还其欠乙单位的钱，那么乙单位原来为什么借款给他？

（二）确定具体查账任务

查账取证的具体任务，除了实现查账目的外，还包括需要完成的发现线索、调取证据的任务。通常需要明确的具体任务可能涉及：

1. 需要发现和收集破案线索；

2. 如果已经发现线索，需要寻找的具体财务会计资料证据、相关财物或其他证据，查找不到时制作《勘验、检查笔录》固定检查结果的基本要求；

3. 需要收集的财务会计资料证据的具体类型和固定要求；

4. 需要收集司法鉴定所需的检材范围以及收集方法（扣押还是调取）等。

与确定查账目的不同，确定查账取证的具体任务只是根据日常处理相关财务会计事项的一般规律设定的，而被查单位对财务会计事项的处理方式、方法都不尽相同，通常只能根据不同的假设情形，预设取证的具体任务。

参考案例 4 - 4 中，假设乙单位收取的是被举报人交付的货款，需要调取乙单位收取款项的银行进账单、发票或者收据、银行对账单以及处理该笔账项的记账凭证、银行存款日记账账页以及收入账账页。

假设这 100 万元是被举报人借给乙单位的，需要调取借款协议、借据或者收据、银行对账单以及处理该笔账项的记账凭证、日记账以及往来账等。还要考虑检查往来账目，查明乙单位借款的用途以及是否及时归还，乙单位使用和归还100 万元的原始单据、银行对账单以及相关凭证和账页。

假设这 100 万元是被举报人归还乙单位的欠款，那么需要调取乙单位借给被举报人款项以及收回借款的借款协议借据或者收据、银行进账单、银行对账单以及相关凭证和账页。

（三）确定查账取证的具体范围

确定查账取证的具体范围，主要是指确定需要对哪些单位的哪一时期的哪些财务会计资料（或财物）进行检查，包括被检查单位或个人、查账期间和查账项目的确定问题。

1. 确定被检查单位。明确要查的具体法律主体或者会计主体，即具体检查的空间范围。

2. 确定检查期间。所谓检查期间，是指需要检查的财务会计资料所涉及的会计期间。确定检查期间，就是确定对被查单位起始时间至终止时间的财务会计资料进行检查。检查期间需要根据案情和查账目的作出恰当的推定，如将检查期间范围确定得太大，则会影响查账的速度；反之，则可能会达不到检查盘点的目的。

参考案例 4-4 中，100 万元款项付给乙单位的时间是 2008 年 10 月 8 日，那么到乙单位进行查账的范围可以设定在 2008 年 10 月份的会计凭证（含原始单据和记账凭证等）、银行对账单金额、2008 年的银行存款日记账、现金日记账和相关明细账等。如果查账涉及往来款项，则需要检查往来明细账的结果，进一步检查相关的会计凭证。

3. 确定查账项目。查账项目，即查账取证的具体对象范围。在查账取证实践中，为了查明某一案件事实，往往需要对若干笔财务会计业务和多种财务会计资料进行检查，必要时还必须同时对相关财物进行检查。因此，在实施检查前，应通过分析案情将需要检查的项目充分列全，以便在实施时能够做到有的放矢，防止遗漏查账项目。

（四）确定查账取证的实施步骤

查账取证的实施步骤，是指对检查对象进行检查的先后顺序。通常是：先检查日记账簿或明细账簿，后检查会计凭证，再检查其他账簿以及其他财务会计资料。如果涉及现金或银行存款业务，则应当先检查现金日记账或银行存款日记账，如果不涉及现金或银行存款，则需要检查案情所指向财务会计业务类型所涉及的明细账，例如：涉及费用支出的，先检查费用明细账簿；涉及收款的，先检查收入明细账簿。

（五）其他需要确定和准备的事项

1. 确定发现线索的具体处理方案。在刑事调查中，有可能在查账取证中发现本案的破案线索、新的犯罪线索或其他人犯罪的线索，因而应当事先明确发现线索处理方法，如根据线索继续检查、暂停检查、暂不追查线索待请示后处理等。

2. 确定参加查账取证的人员及分工。查账取证应当由熟悉案情的诉讼主体实施并进行适当的分工。如果具体实施检查的人员不熟悉案情，案件主办人员应当详细交代查账方案；如果可能涉及比较复杂的情形，可以考虑指派司法会计师；如果可能涉及计算机记账，需要考虑指派熟悉计算机的人员参加。

3. 制定应付突发事件的方案。查账取证有时会遇到被查单位以各种理由拖延或拒绝检查的情形，有时甚至还会围攻检查人员。对此类情形，在查账取证前应当有所预料，并事先考虑好应对方案，比如说明情况据理力争、及时报告要求增派人员、报警、撤回另行组织检查等。

二、查账取证的实施步骤

实施查账取证的主要步骤有：调取并检查日记账或明细账、调取并检查会计凭证、调取并检查其他相关的财务会计资料、收尾工作。

（一）调取并检查日记账或明细账

实施这一步骤的中心任务，是寻找与查证事项有关的账簿记载，以便进一步查找和检查其他的有关财务会计资料。这一步骤包括索取账簿和检查账簿两个具体过程。

1. 向被检查单位索取相关账簿。索取账簿的范围，根据已掌握需要查证的事实内容和任务而定。例如，需要查明该单位收到或支付某笔现金的情况的，索取现金日记账簿；需要查明该单位收到或转出某笔银行存款业务的，索取银行存款日记账簿。

2. 检查账簿。即根据需要查证的财务会计业务的发生时间、发生金额及业务内容等，通过审阅账簿所记载的会计事项及发生额，从中找出该笔业务的账簿记载。

参考案例 4 - 5

需要查明该单位收取某笔现金收款业务的，根据业务的大致时间，顺着现金日记账的"借方金额"栏查看有无相同金额，查到相同金额时，再查看同行的"摘要"栏，看是否是需要查找的业务，如果是，则该笔发生额已经查到；如果不是，则需要继续顺序查看，查找同金额发生额。需要查明该单位支出某笔现金付款业务的，根据业务的大致时间，顺着现金日记账的"贷方金额"栏查看有无相同金额，若查到相同金额时，再查看同行的"摘要"栏，看是否是需检查找的业务，如果是，则该笔发生额已经查到；如果不是，则需要继续按顺序查看，查找相同金额发生额。

（二）调取并检查会计凭证

实施这一步骤的中心任务，是查明与查证事项有关的财务凭证记录和会计处理方法。这一步骤包括调取会计凭证和检查会计凭证两个过程。

1. 调取会计凭证。即根据账簿记载的所查业务的记账凭证号码，向被查单位索取该记账凭证及所附原始凭证。诉讼主体自行查找会计凭证，可以根据发生额、记账日期、凭证种类、凭证号码，查找到具体的会计记账凭证，但这需要熟悉会计凭证的一般编号方法以及账页记载的记账凭证编号的规律。

2. 检查会计凭证。检查会计凭证时，首先应当通过阅读记账凭证、原始凭证记载的事项、日期、金额等内容，确定是否是需要查证的财务会计事项，如果不是需要查证的事项，则应重复进行上一步骤的查账过程，重新查找会计凭证；如果是需查事项，则应当检查会计凭证。

通常检查记账凭证所列会计分录中的记账方向、记账金额与前一步骤中账簿的记载是否相符；检查会计凭证所列原始凭证的张数与实际所附原始凭证的张数是否相符；检查会计分录是否符合所附原始凭证的内容，即通过核对原始凭证确认会计分录的真实性和正确性。

（三）调取并检查其他相关的财务会计资料

实施这一步骤的中心任务，是查清与查证事项有关的全部财务会计资料，并据以查明某笔财务业务的来龙去脉。这一步骤的具体过程与查账目的和查账结果有关。

1. 调取、检查相关科目的账簿。根据上一步骤查到的记账凭证所列会计分录中的对应会计科目，索取对应账户的账簿。

检查相关科目的账簿，主要是查看该账簿记载的事项、记账方向和记账金额，与上一步骤取得的记账凭证所列记账事项以及会计分录是否相符。如果不符，应当注意是否查错了记账凭证的编号，如果会计凭证编号无误，则说明可能存在记账错误。

2. 调取、检查其他财务资料。通常情况下，需要考虑调取、检查的其他财务资料包括：

（1）属于转账收、付款业务的，应当根据银行票据或票据存根，核对银行对账单，确认款项是否收到或付出；

（2）属于销售收入业务的，考虑有无必要调取并检查发票的存根联、提货联，其中销售货物的，考虑是否需要检查运输费账证或自运的运输记录，以验证销售货物的真实性；

（3）属于收款业务的，考虑有无必要调取、检查收款收据的存根联；

（4）属于采购货物业务的，应当考虑检查货物的入库单、运输费用凭证或运输记录，以验证采购业务的真实性，其中，使用增值税发票扣税的，还应当检查抵扣税联；

（5）属于支付职工工资、奖金业务的，考虑有无必要核对职工花名册，以验证支付业务的真实性；

（6）属于支付外来费用的，考虑有无必要检查与费用有关的业务凭证，比如：报销运输费，可以考虑检查货物购销凭证，验证运输费的真实性；

（7）经济业务涉及各类合同的，应当考虑检查合同原本，等等。

3. 调取、检查相关往来业务的账项。上述检查发现查账取证事项涉及往来结算业务的，还应当专门检查往来结算业务账证，以便查明结算的原因。

（1）前面查账结果涉及往来账户借方发生额的，应当追查该账户贷方发生额，查明该笔业务结算的原因。

（2）前面查账结果涉及往来账户贷方发生额的，应当追查该账户借方发生额，查明该笔业务结算的原因。

（四）收尾工作

需查证资料检查完毕后，应做好收尾工作，包括：

1. 确定需要提取的财务会计资料证据。

（1）根据已查明的财务会计事实来确定需要提取的证据材料。提取财务会计资料证据的最低标准为：查证业务涉及的原始凭证、记账凭证、账页。

（2）检查中发现的其他与案件有关的财务会计资料证据，应一并提取待继续查证时使用。

（3）偶尔发现的其他犯罪嫌疑账项资料，应当提取。查账取证通常是以查明已知线索或案情为目的，但如果发现了尚未掌握的线索和案情的证据，应当考虑并提取。

2. 固定财务会计资料证据。财务会计资料证据的固定方法有：

（1）固定原件。将原件固定于专用书证粘贴纸或 A4 号纸张的中央，左边留出装订线。在原件粘贴区下方预留出的位置填列提取笔录，内容包括原存放地点、取证人员签名、持有人签名、见证人签名、提取日期。

（2）复印固定。复印财务会计资料证据应当采用 A4 号纸张，并尽量将资料复印至纸张的中间位置。对复印件应当检查，确认复印的文字、数据、章讫清晰无误后，在下方预留出的位置填列提取笔录，内容包括原存放地点、取证人员签名、持有人签名、见证人签名、提取日期等。

（3）拍照固定。如果有特殊需要（如作为笔迹鉴定、指纹鉴定的检材），可以在复印固定的同时对原件实施拍照固定，并在《勘验、检查笔录》中注明。在没有复印条件的情况下，必须采用拍照固定的，应当将原件置于 A4 号纸张的中央，下方预留出的位置中先注明提取笔录（包括原存放地点、提取日期、取证人员签名、持有人签名、见证人签名）后一并拍照。

（4）绘制固定。在不具备前述三种固定方法的情况下，可以采用绘制方法固定。通常采用 A4 号空白纸，绘制后在下方预留出的位置制作提取笔录，注明原件存放地点、提取日期并由取证人员、持有人签名。

3. 提取财务会计资料证据。提取原件，应当由案件调查人员填制《调取证据通知书》，证明原件已被案件调查部门提取；同时复制原件，将通知书和复印件一并交付被查单位存档。

提取财务会计资料证据前，案件调查人员应当制作《勘验、检查笔录》。检查笔录的内容主要包括：①案由；②检查时间和地点；③参与查账人员的姓名和身份；④检查结果概述；⑤提取的证据种类、数量以及方式；⑥参与检查的人员（含当事人、见证人）签名。

4. 电子证据的固定与提取。电子证据，是指存放于被查单位或个人的计算机储存设备中的电子文件。由于电子文件具有可修改性的特点，因而应当采用特殊的固定方法和提取程序：有条件打印的，应当打印后按照前述复印固定方法进行固定；需要扣押计算机储存设备的，应当由计算机专家协助固定，以保持设备的原状；因计算机文件过多等原因，无法打印固定的，可以单独固定电子证据。

固定、提取电子证据应注意以下事项：

（1）对电子文件内容较多，且内容可能需要作为司法会计检材的，在打印固定的同时应当同时复制电子文件。

（2）复制电子文件后，查账人员应当使用随身携带的计算机对该文件进行查毒处理，并观察与原计算机文件是否一致。

（3）了解阅读该电子文件所需软件，必要时应当同时提取专用软件。

（4）固定和提取电子文件的过程应当在检查笔录《勘验、检查笔录》中作专门的记述，包括文件名称、大小、创建时间、修改时间、在原计算机中的文件位置、文件复制人等。

三、查账取证的注意事项及特殊情况的处理

1. 在无须对财务会计资料持有人、被查单位的财务会计人员保密的情况下，可邀请其协助检查，以提高工作效率。

2. 如果发现被检查的财务会计资料中有与需查业务无关，但又有明显犯罪嫌疑的账项，查账人员应予以重视，并采用相应的检查方法进行检查核实。

3. 在检查中发现会造成虚长库或虚短库的弊端账项时，应考虑是否同时检查实际库存，并单独制作《勘验、检查笔录》。

4. 检查账簿未发现需查账项记载的，可以考虑采用下列方法查找：

（1）适当扩大查账范围。有些账项的实际账务处理的时间可能比业务的实际发生对间提前或延后，因而需要扩大检查的时间范围才能找到。

参考案例 4 - 6

一笔付款业务发生于 2015 年 8 月，但从 8 月的账簿中没有找到，通常情况下顺延检查 9 月、10 月，可能就会查到。但有时可能因为有的会计人员一个季度才处理一次账务，这笔账项也有可能被记录到了 7 月；也有些情况由于结算票据等方面的问题，可能直到年底才处理了这笔账项。

有些账项可能被错记成相似账户，需要扩大检查项目范围才能找到。

参考案例 4 - 7

检查 A 银行存款账户没有发现需查的一笔付款业务，可能在同期其他银行存款账户会找到，这是因为会计人员可能将 A 银行账户业务错记成 B 银行存款账户。

在查不到银行存款业务的情况下，应当检查银行对账单，并注意查看对账记录中有无将需查账项列入单位未达账项，如果列入单位未达账项，则说明还没有进行账务处理；如果没有列为单位未达账项，通常说明该账项已经进行了账务处理，需要采用其他方法继续查找。

（2）查找大于需查账项金额的发生额。在账簿的"借方余额"栏或"贷方金额"栏中没有找到与需查业务的相同金额的记载，可以试着检查比所查金额大的发生额，这是因为可能需查证的业务被与其他同类业务合并记账，其账面表现的金额肯定会大于需查金额。

（3）查看更正或补记的账项。检查账簿没有发现需要查找的业务时，可以注意账簿中有无更正或补记账簿记账项。这类更正或补记账项通常在"摘要"栏中有"更正第×号记账凭证"或"补记第×号记账凭证"的记载，找出被更正或补记账项的第×号记账凭证，便可能找到需查账项。这是因为如果原账簿登记中存在反记、漏记或错记等记录错误，会导致查账时找不到原登记的业务，但这类错误通常会被会计人员在结账时发现，并予以更正或补记。

（4）直接检查会计凭证。如果采用前述方法均未从账簿中查到需查账项，可以考虑直接查阅查账期间的全部会计凭证，查出需查账项。这种情况主要适用于由于会计处理习惯或错误导致的在常规账簿检查中查不到账簿记录的情形。

5. 被查单位可能没有进行账务处理情形的处理。案件调查人员通过审阅会计凭证没有发现需查账项，可能是由于需查证的财务事项没有进行会计处理的缘故。如果检查没有发现会计处理记录，通常可以在检查笔录中写明。同时，案件调查人员应当考虑是否需要证明该笔业务没有进行账务处理的事实。如果需要证明这一会计事实，则应当指派司法会计师（或聘请会计专家）进行司法会计检验或鉴定，取得《司法会计检验报告》或司法会计鉴定文书来证明该笔业务没有进行账务处理。

第三节　其他查账取证的程序

除前述检查取证程序，司法实践中还会涉及规模性检查、秘密检查、外埠检查、委托检查等查账程序。

一、规模性检查程序

规模性检查的实施，一般会投入较多人员（个别案件会达到上百人）。因此，能否有条不紊且富有成效地实施检查，会直接影响到办案进度与办案质量。实施规模性检查的主要步骤有：

（一）规模性检查的准备工作

1. 了解案发单位财务会计方面的基本情况。主要采用收集被查单位财务制度、查阅财务会计人员名单、阅读会计报表等方法，了解涉案主要单位的内部控制制度、相关财务会计人员的基本情况、诉讼涉及的资金来源、资金用途及资金数量等资金情况、诉讼涉及的材料、产品、商品等存货的购销及生产经营情况、诉讼涉及的固定资产的购置及使用情况等。涉及财产侵权、犯罪案件的，还应当了解涉案主要单位在检查期内有无发生过重大失窃、短库、毁账等特殊情况。

2. 分析作案手段及其账面表现。在实施需要通过检查发现犯罪线索的检查时，案件调查人员需要结合已经掌握的被举报人（或犯罪嫌疑人）的职务、职责，结合案发单位的内部控制制度及其实际执行状态，分析被举报人可能采取的作案手段以及该手段的运用在财务会计资料中所留痕迹，以便确定具体的检查对策。

3. 收集、控制需要检查的财务会计资料。收集、控制财务会计资料，是规模性检查的前提条件，即有账可查。案件调查人员需要根据事前确定的检查范围以及财务会计资料的现场情况，确定实际收集财务会计资料的范围和方式、方法。

（二）财务会计资料的控制

案件调查部门实施规模性检查，被查单位可能有一些人会感到不安（包括被举报人，也包括其他可能存在违法乱纪行为的人），因而如果不注意对收集到的财务会计资料实施适当的控制，则有资料被毁坏的危险。控制案发单位财务会计资料的方法，有直接控制和间接控制两类。

1. 直接控制。即由案件调查人员办理借阅或扣押手续，将资料收存于办案场所。

2. 间接控制。即责成案发单位指定专人保管资料，或指定协助办案的有关机构将资料暂时收存。

（三）检查财务会计资料及相关财物

财务会计资料被控制后，案件调查人员就可以实施对财务会计资料及相关财物的具体检查。

1. 检查资料的实施。对财务会计资料如何进行检查，包括具体的检查内容、重点及具体的检查方法等，可以根据具体案件的检查对策而定。

2. 查物的实施。在规模性检查中，对有关财物进行检查的目的，一是查明与案件有关的财产物资在诉讼时的实际状况，并以《勘验、检查笔录》的形式予以固定；二是核查盘存类账户（如现金、存货、固定资产等账户）余额的真实性，以便确认或排除嫌疑账项。

（四）核检查项

核检查项，又称追踪检查，即对检查中发现的，能够证明案件事实的账目记载事项或可能存在违法犯罪情形的嫌疑账项，通过追踪检查相关单位的财务会计资料，进行进一步的查证和核实，以确定这些记载内容是否真实或有新的证据。

核检查项是规模性检查中必须进行的重要步骤。在实际办案中，案件调查人员可以结合讯问犯罪嫌疑人或询问财务业务经办人（当事人、证人等）一并进行。

（五）进行相应的技术检验、鉴定

规模性检查中可能需要进行除司法会计检验、鉴定外的其他司法技术检验、鉴定，以解决查账所需的一些专门问题。这些问题通常包括财务会计资料中模糊记录的检验、文字书写习惯的鉴定、印章的鉴定、指纹的鉴定、字迹时间的鉴定等问题。

（六）收尾工作

规模性检查的收尾工作，除包括前述检查取证的收尾工作内容外，还应当及时解除对有关财务会计资料的控制。

二、秘密检查程序

秘密检查，是指对检查目的和检查项目向被查单位财务会计人员保密的情况下进行的司法会计检查。秘密检查是刑事案件秘密案件调查的组成部分。

秘密检查可以按照前述检查取证程序实施，但需要考虑对案件调查人员的身份、检查项目、取证等进行掩护。

（一）案件调查人员身份的掩护

所谓身份掩护，主要是指为了不暴露侦查人员的实际身份，采用虚假身份进行掩护的做法。是否需要掩护身份或是否可能掩护是秘密检查中首先需要考虑的问题。

（二）检查项目的掩护

秘密检查中无论是否进行身份掩护，都必须对检查内容进行保密。对检查内容进行保密的计策很多，比如，检查时向被查财务会计资料保管机构索取资料范围要大于所需检查的资料范围，使被查单位无法弄清检查的目的。

（三）证据收集的掩护

秘密检查中通常不能公开取证，而秘密获取的财务会计资料证据则会因缺少提取笔录、勘验检查笔录在程序上不合乎证据的合法性要求。因此，并不是所有的秘密检查都必须要提取证据，很多情况下可以在查明财务会计事实后放弃取证而待事后公开检查时再调取相关证据。

（四）秘密检查识破的处置方案

秘密检查中，由于意想不到的情形，可能导致身份暴露或检查项目暴露，因而被查单位会拒绝提供相关资料，致使秘密检查中断。这个问题在制定秘密检查方案时应当考虑到。可以事先考虑的处置方案有：中止检查，撤出被查单位另想办法；转入公开检查，必要时采用搜查手段强制进行检查等。

三、外埠检查程序

外埠查账，是指案件调查人员到外地检查有关单位或个人的财务会计资料。

案件调查人员到外埠查账的原因通常有：①检查案件涉及的被查单位的外埠存款情况；②核对相关单位之间的往来账项；③追踪检查被查单位收取外埠汇款、转款的原因和资金来源；④追踪检查被查单位支付外部款项的去向和用途。

外埠查账前应当准备相关资料，包括：①外埠单位或个人出具的发票、收据、银行票据等财务凭证的复制件；②相关经济合同的复制件；③相关工程结算资料复制件；④被查单位或个人支付外地款项的银行票据以及出具给外埠单位的发票、收据等财务凭证的复制件等。

四、委托检查程序

如果外埠查账内容比较简单，可以实施委托检查。

案件调查部门实施委托检查，应制作委托检查文书，详细写明检查的根据（案由等）、检查的目的、检查的内容、取证要求、联系人职务及姓名等，并加盖公章，连同需要核对的财务会计资料的复制件，通过电传、机要通信或检察机关局域网发给受委托的案件调查部门，并及时关注检查结果。

 思考题

1. 如何使用审阅法进行会计检查？

2. 什么情况下可以考虑采用复算法？

3. 列举核对法的具体应用范围。

4. 简述核对法的具体应用。

5. 举例说明如何使用比率比较进行会计检查。

6. 简述查证取证的一般步骤。

7. 查证取证应事先做哪些准备工作？

8. 简述规模性检查程序的一般步骤。

9. 简述秘密检查程序的特点和具体组织。

第五章　司法会计鉴定

本章教学目标：

　　本章教学的重点和目的，是使学生在未来司法实践中，能够独立启动并组织专家实施司法会计鉴定，监督司法会计鉴定过程，并掌握不同鉴定结果及其处理方法。

第一节　司法会计鉴定的目的与鉴定事项

一、司法会计鉴定目的

　　法律诉讼中采取的任何一种诉讼措施都有其特定目的和任务，司法会计鉴定也不例外。司法会计鉴定目的，是指案件调查部门采用司法会计鉴定所要查明的案情。

　　以刑事案件为例，鉴定目的可能涉及犯罪构成的各个方面。

　　（一）涉及犯罪主体的案情

　　犯罪主体是指实施危害社会的行为、依法应当负刑事责任的自然人和单位。自然人主体是指达到刑事责任能力的自然人；单位主体是指实施危害社会行为并依法应负刑事责任的公司、企业、事业单位、机关、团体。

　　（二）涉及犯罪客体的案情

　　犯罪客体是指刑事法律所保护而为犯罪行为所侵害的社会关系。确定了犯罪客体，在很大程度上就能确定犯的是什么罪和它的危害程度。一个行为不侵犯任何客体，不侵犯任何社会关系，就意味着不具有社会危害性，也就不能构成犯罪。

　　参考案例 5 - 1

　　A 公司仓库主任王某利用职务便利，窃取仓库商品 130 余种，价值 200 万元，这就会导致 A 公司损失 200 万元库存商品的犯罪后果。侦查中需要采取各种调查措施来查明 A 公司仓库是否出现了短库 200 万元商品的案情。本案中侦查人员要求 A 公司盘库（核查库存商品的数量）并核对库存资料，以确定是否少了200 万元商品。A 公司盘查的结果是：短库 50 万元商品。侦查人员要求其再次进行盘查，A 公司第二次盘查的结果是长库 110 万元。A 公司这两次盘查的结果对案情的认定有何影响呢？假定王某贪污 200 万元商品的事实，除了需要证明窃取过程这一案情外，还需要确认 A 公司仓库短少 200 万元商品的犯罪后果，而 A 公司两次盘查的结果中，第一次短少 50 万元，意味着另有 150 万元的商品没有被贪污；第二次长库 110 万元，则意味着 A 公司库存商品没有被他人非法侵占。

案例 5 - 1 中，王某即构成犯罪主体，而从犯罪客体角度讲就是没有证据证明 A 公司的库存商品被犯罪所侵害。为了查明犯罪客体、犯罪后果等案情，侦查人员需要就"A 公司 150 余种库存商品的应结存额与实际结存额是否相符"这一财务问题提请组织司法会计鉴定，获取鉴定意见，以证明犯罪客体受到侵害以及犯罪后果的存在。

（三）涉及犯罪主观方面的案情

犯罪主观方面，亦称犯罪主观要件或者罪过，是指行为人对自己的危害社会的行为及其危害社会的结果所持的故意或者过失的心理态度。犯罪主观方面的内容，或者说罪过的内容，是指我国刑法规定的行为人实施的犯罪，必须认识的事实内容和必须具有的意志状态。犯罪主观方面的内容，是由意识因素和意志因素这两大部分内容构成的。

（四）涉及犯罪客观方面的案情

犯罪客观方面是指刑法规定的，说明行为的社会危害性，是成立犯罪所必须具备的客观事实特征。它包括危害行为和危害结果，犯罪的时间、地点。方法（手段）也是少数犯罪的必备条件。

参考案例 5 - 2

某证券公司处理 A 客户买进股票业务，应当将其取得成本（包括价款、税费等 65 万元）登记到 A 客户资金账户的借方，但实际错记到了贷方，导致该客户资金账户余额虚增 130 万元。A 客户利用这笔资金进行了证券交易，随后便将款项全部提取。证券公司发现错账后，要求 A 客户归还其 130 万元的资金，A 客户不归还，证券公司便向法院起诉了 A 客户。这起案件中，证券公司主张 130 万元是公司款项，向法院提交了交割单、取款凭证、A 客户资金历史对账表等书证；而 A 客户也以资金历史对账为依据，证明自己提取的款项来源于自己的账户，是自己的合法收入。

就双方争议的焦点而言，参考案例 5 - 2 中涉及 130 万元资金归属这一案情，就需要通过对"证券公司处理 A 客户 130 万元股票取得成本的会计处理是否正确及其账务后果"这一会计问题进行司法会计鉴定，用鉴定意见来证明自己对被 A 客户提取的 130 万元拥有所有权。

二、司法会计鉴定事项

司法会计鉴定事项，是指案件调查部门向司法会计鉴定人提出的需要解决的财务会计问题。其内容就是诉讼主体提请司法会计鉴定人解决的具体财务会计问题。

常见的司法会计鉴定事项包括以下类别：

（一）资产价值的确认问题

资产价值的含义比较广泛，例如资产的成本价值、账面价值、交易价值、市场价值、清算价值等。根据司法会计鉴定的特点，其所能够解决的价值问题只有成本价值和账面价值两种情形。

1. 资产成本价值，是指财务主体取得某项或某类资产所支付和承担的价款、费用的总和。如确认某单位某年购进某商品的数量及采购成本总额、某企业某年某月某日某部门未完工产品的成本总额、某单位某财务期间库存某种产品的生产总成本额、某单位某项商品的销售成本、某单位某项固定资产原值等问题。

2. 资产账面价值，是指按照会计标准确认的某项或某类资产的现实价值。如确认某单位某时点某项应收账款的账面价值、某单位某时点某项固定资产的账面价值、某单位某时点资产账面价值总额等问题。

应当强调的是，本部分的资产价值的确认不包括资产的市场价值（应当通过资产评估解决）、实际交换价值的确认问题（应当由案件调查人员解决）。

（二）现金、有价证券、实物资产的结存额及其溢亏的确认问题

包括资产应结存额、应结存额与实际结存额差额的确认问题，包括数量差额和金额差额。如确认某单位某时点某项库存物资的应结存额、某单位某时点某项库存物资的应结存额与实际结存额是否相符、某单位某时点现金应结存额与实际结存额是否相符等问题。

（三）财务往来事项的确认问题

包括债权类资产额和负债额的确认问题。如确认某单位某时点某项应收账款的应结存额、某单位某时点某项应付款额、某单位某期间应付乙单位货款总额及实际结算总额、某单位某时点某项应收款结存额的构成、某单位某项应付款业务的未结算额余额的构成等问题。

（四）财务收支及收支差额的确认问题

包括收入事项、支出事项、收支盈余或超支事项的确认问题。如确认某单位某年度某类收入额、某单位某期间营业收入总额、某单位某期间某项收入总额及

其去向、某单位某期间某类销售收入额及已结算额等问题。

（五）投资损益额的确认问题

包括证券投资、期货投资、经营投资和其他投资的投资损益额的确认问题。

证券投资损益问题鉴定，是指确认诉讼涉及的投资证券交易活动所形成的投资损益问题的司法会计鉴定。

期货投资损益问题鉴定，是指确认诉讼涉及的投资期货交易活动所形成的投资损益问题的司法会计鉴定。

经营投资损益问题鉴定，是指投资办公司企业、投资经营某一项目所形成的投资损益问题的司法会计鉴定。

其他投资损益问题鉴定，是指除前述投资以外的其他投资行为，如银行存款、金融理财、带息出借资金等活动形成的投资损益问题的司法会计鉴定。

（六）涉税事项的确认问题

涉税事项鉴定，包括期间涉税问题鉴定和专项涉税问题鉴定。

所谓期间涉税问题鉴定，是指涉及确认某一财务期间的纳税或征税问题的鉴定。如确认某单位某期间应纳增值税额、某单位某期间应缴纳消费税额的正确性、某单位（某次）纳税申报额的正确性等问题。

所谓专项涉税问题鉴定，是指涉及确认某项应税事件的纳税或征税问题的鉴定。

涉税问题鉴定，还可按照鉴定涉及的税种不同，分为增值税纳税问题鉴定、营业税纳税问题鉴定、消费税纳税问题鉴定、所得税纳税问题鉴定、关税纳税问题鉴定等。

（七）经营损益额的确认问题

包括经营毛利额、销售利润额、税前利润额以及税后利润额的确认问题。

毛利润额问题鉴定，是指确认诉讼涉及的经营主体经营某种货物形成的毛利润额问题的司法会计鉴定。

销售利润额问题鉴定，是指确认诉讼涉及的经营主体进行的主要经营活动形成的经营损益（销售利润）额问题的司法会计鉴定。

税前利润额问题鉴定，是指确认诉讼涉及的经营主体进行经营活动形成的经营损益总额问题的司法会计鉴定。

税后利润（净利润）额问题鉴定，是指确认诉讼涉及的经营主体进行经营活动形成的净损益额问题的司法会计鉴定。

（八）接受投资与留存收益的确认问题

包括接受投资额、资本公积额、公益金额、未分配利润额等的确认问题。

接受投资类问题鉴定，是指对诉讼涉及的经营主体接受投资的数额、变更、构成、份额、资金来源以及资本公积金的形成、运用等问题进行的司法会计鉴定。如确认某出资人对某单位的实际投资额及所占投资份额、某单位某时点接受投资账户所列余额的构成等。

留存收益类问题鉴定，是指对诉讼涉及留存收益的性质、形成额、运用、应结存额等问题进行的司法会计鉴定。具体可进一步分为留存收益总额、法定公积金、任意公积金、公益金、储备基金、企业发展基金、职工奖励及福利基金、未分配利润等问题的司法会计鉴定。如确认某笔法定公积金计提业务的正确性、某次利润分配结果是否符合分配方案、某单位某时点未分配利润总额等。

（九）会计处理方法及核算结果的识别问题

包括会计分录的制作、账户发生额、账户余额、会计报表项目数字等真实性、正确性、合规性问题以及账户属性的确认问题。

（十）其他需要通过检验分析财务会计资料，解决或确认的财务会计问题

司法会计鉴定事项分为财务类问题和会计类问题。上述第 1 ~ 8 项问题属于财务类问题；第 9 项属于会计类问题。

三、司法会计鉴定目的与鉴定事项的关系

从诉讼理念上明确鉴定目的与鉴定事项的关系十分重要。它既涉及理论上对司法会计鉴定范围的研究，也涉及司法实践中如何向鉴定人提出鉴定事项的问题。目前无论理论上还是实践中，把鉴定目的当作鉴定事项提出来的情形还比较普遍。司法会计鉴定目的与鉴定事项既有区别，又有联系：

1. 司法会计鉴定事项来自于司法会计鉴定目的，诉讼中存在需要查明财务会计事实的案情，才会提出司法会计鉴定事项；而司法会计鉴定事项的实现为证实鉴定目的所指案情提供证据——司法会计鉴定意见。

2. 相同的鉴定目的可能涉及不同的鉴定事项，而相同的鉴定事项可能是为了查明不同的案情。

3. 在具体诉讼中，同一鉴定目的可能涉及多项鉴定事项，而同一鉴定事项也可以实现多项鉴定目的。

4. 一些具体鉴定目的实现会涉及包括司法会计鉴定在内的各种调查手段的运用的结果，因而即使相关鉴定事项得到了解决，也未必能够实现鉴定的目的。

参考案例 5 – 3

原告某客户与某信用社就其是否提取 40 万元现金业务发生争议诉至法院。原告声称自己没有提取 40 万元，要求被告返还其扣取的 40 万元，被告则提供原告的取款凭证证明其提取了 40 万元。法院为了查明被告在取款凭证所列日期有

无支付原告40万元现金这一案情，提出了鉴定事项：确认信用社在取款凭证日的现金应结存额。鉴定意见表明：如果将信用社支付原告40万元业务视为现金支出业务，信用社当日现金应结存额为负31万余元。这一鉴定意见反映出信用社支付40万元现金业务的虚假性，法院据此确认该社当日并无支付原告40万元现金的能力，进而确认了该社没有支付原告40万元的事实（鉴定目的），信用社败诉。

参考案例5-3中鉴定事项已经实现了鉴定目的（即信用社有无支付能力）。但是，如果该鉴定意见确认信用社当日的现金应结存额为正数，则就没有实现法院提请鉴定的目的，因为这个结论只是证明了该社有支付40万元现金的能力，但并不能确认其肯定支付了原告40万元现金的鉴定目的。

四、财务类问题鉴定与会计类问题鉴定的逻辑关系

司法会计鉴定按照鉴定事项所涉及的内容，可以分为财务类问题鉴定和会计类问题鉴定两类。财务类问题鉴定与会计类问题鉴定，是鉴定事项、鉴定标准和鉴定意见均不相同的两类司法会计鉴定事项，前者主要涉及财务事实，后者则主要涉及账务处理及其处理结果的事实（因而会计类问题鉴定也称其为账务类问题鉴定）。

财务类问题鉴定与会计类问题鉴定存在下列逻辑关系：

1. 财务类问题鉴定可以利用账务类问题鉴定结果进行，即鉴定事项只涉及财务问题，但鉴定人可以利用自己设定的相关会计类问题的鉴定结果，并按照财务标准进行调整后，确认提请鉴定的财务类问题。

2. 会计类问题鉴定有时也会以未提请鉴定的财务类问题鉴定为前提，即鉴定事项仅涉及会计类问题，鉴定意见中也仅涉及会计事实的认定，但鉴定人需要对相关财务问题作出鉴定后才能解决提请鉴定的会计类问题。

3. 财务问题与会计问题可以在同一项鉴定事项提出。

五、鉴定事项之间的包容关系

鉴定事项之间的包容关系，是指鉴定事项之间存在的包容与被包容关系。比如：利润问题通常包容了收入鉴定和成本费用鉴定这两项鉴定事项，鉴定人必须先进行这两项鉴定并得出鉴定意见，才能最终完成利润鉴定。又如：某账户余额正确性问题的鉴定就包容了对该账户所有发生额的真实性和正确性的鉴定，鉴定人必须对每笔发生额的真实性、正确性进行鉴定并分别得出鉴定意见后，才能完成账户余额正确性的鉴定任务。

司法实践中，当一项鉴定事项包容了相关鉴定事项，通常不再就被包容的鉴定事项单独提出鉴定事项（有特殊需要的除外）。鉴定人必须对被包容的鉴定事项分别实施鉴定并得出相应的鉴定意见，但并不需要在最终提出的鉴定意见中单独列示被包容鉴定事项的鉴定意见，但这些被包容鉴定事项的鉴定意见应当在鉴定文书相关部分中进行表达。

六、超出司法会计鉴定范围的问题

超出司法会计鉴定范围的问题，是指诉讼中与财务会计业务有关但不能属于司法会计鉴定对象的各种问题。

司法实践中应当明确两点：一是不属于前述司法会计鉴定对象类型的问题，不在司法会计鉴定范围之内；二是虽属于司法会计鉴定对象的类型，但能够通过非鉴定途径解决或因客观因素无法通过司法会计鉴定解决的，也不能列入司法会计鉴定对象的范围。总之，凡是不能够或不需要通过司法会计鉴定解决案件所涉及的问题，均不属于司法会计鉴定的范围。以下问题不属于司法会计鉴定的范围：

1. 与财务会计业务有关的法律定性问题。与财务会计业务有关的法律定性问题，是指财务会计行为所涉及的民事、刑事等实体法律属性问题的确认，主要涉及财务会计行为的合法与非法行为的类型等问题。

2. 通过司法会计检查（或检验）已经解决或能够解决的财务会计问题。

3. 财务凭证内容真实性的识别问题。

4. 财务会计资料证据中的形象痕迹的识别问题。

5. 财务会计行为所涉及的意识痕迹、心理活动的识别问题。这类痕迹和活动的识别问题应当由诉讼主体通过自由心证解决。

6. 财务会计错误的责任人的确认问题。财务会计错误责任人确认问题，通常会涉及大量诉讼证据的运用，而基于诉讼证据的收集、识别与运用的规则，司法会计鉴定人无权收集、识别和运用所涉及的大量证据用于识别责任人。

7. 因缺乏必要的检材而无法鉴别判定的财务会计问题。

上述问题虽不属于司法会计鉴定的范围，并非是说司法会计鉴定对在诉讼涉及的上述问题没有任何意义。事实上，上述第 1～6 项问题可能构成司法会计鉴定的目的。

第二节　司法会计鉴定的标准

一、司法会计鉴定的标准

司法会计鉴定标准，是指司法会计鉴定人在实施鉴定过程中，必须遵循和依据的各种技术性规范。

参考案例 5 – 4

甲公司出纳员职务侵占案件中，涉及对下列会计处理事项真实性、正确性及其财务会计后果问题的鉴定。

甲公司于 2010 年 10 月 20 日从开户银行提取现金 5 万元，并作了如下会计处理：

借：银行存款　5 万

　　贷：库存现金　5 万

公安机关聘请注册会计师张某、李某为司法会计鉴定人，并出具了《聘请书》。同时，提供了甲公司 2010 年财务会计资料和该项业务的现金支票等财务资料的复印件。司法会计鉴定人受理该鉴定事项，并接受了检材。鉴定人经过初步检验，确定了初步结论：该会计处理事项不真实、不正确，导致库存现金虚长库结果。根据这一初步结论，鉴定人制定了详细检验论证方案：一是确定了鉴定原理，包括采用会计制度中的会计科目标准以及采用比对鉴别法进行鉴定；二是检验银行对账单及现金支票，验证提取现金 5 万元的财务事实；三是核验银行存款对账单与银行存款日记账，验证提取现金 5 万元业务未记账，并证实不存在交存银行现金未记账的情形；四是检验现金日记账簿、银行存款日记账簿的余额，验证上述记账凭证所列发生额已经计入相关账户余额。

这个鉴定方案涉及下列依据：一是司法会计鉴定程序，包括受理、操作和出具鉴定意见的规范；二是会计标准中关于现金、银行存款会计科目的规定，即借方反映收款业务、贷方反映付款业务（账户期末余额 = 账户期初余额 + 借方发生额 – 贷方发生额），并分别反映库存现金余额和银行存款余额；三是司法会计理论中关于财务会计错误的原理，包括虚列、漏列、财务后果、账实差异、虚长库等。

司法会计鉴定人经过详细检验，取得了符合上述方案所设定的检验结果，进而确定鉴定意见：甲公司 2010 年 10 月编制的第 35 号付款记账凭证所列会计分录，存在虚列银行存款收入和现金支出各 5 万元以及漏列现金收入和银行存款支出各 5 万元的会计错误；该项会计处理将导致甲公司现金账户虚长库 10 万元的后果，同时导致银行存款日记账户余额高于银行存款实际结存额 10 万元的后果。司法会计鉴定人根据上述检验、鉴定结果，出具了司法会计鉴定书，并根据法庭要求出庭参加法庭调查。

从参考案例 5-4 中可以看出，从司法会计鉴定人受理鉴定、初检、制作方案、详细检验、制作司法会计鉴定书、出庭等这些过程显然都需要遵循一定的规则实施；同时，司法会计鉴定人在形成鉴定意见的过程中还运用了会计标准和经验等判定依据。司法会计鉴定中所要遵循的这些规则和依据，就是司法会计鉴定标准。

显然，凡是司法会计鉴定都需要依据各种标准实施。我国有记载的司法会计鉴定活动已经存在了三十多年，并已完成了数以万件司法会计鉴定事项。在这些鉴定活动中，司法会计鉴定人都会遵循各种准则实施鉴定和依据各种准则来判定涉案财务会计问题。从这个意义上讲，司法会计鉴定标准早已客观存在。

司法会计鉴定标准，按照其产生的领域不同，可分为专用技术标准和引用技术标准两类。

（一）专用技术标准

专用技术标准，是指专门用于规范司法会计鉴定技术事项的标准。例如，如何受理司法会计鉴定、如何实施司法会计鉴定、如何制作司法会计鉴定文书、如何出庭质证等都需要专门制定相应的司法会计鉴定标准。

（二）引用技术标准

引用技术标准，是指标准本身是为了规范其他技术事项制定的，但在司法会计活动的过程中需要引以作为依据的司法会计技术标准。例如，司法会计鉴定中判断会计处理事项是否正确的问题，就需要引用会计标准，而会计标准本身是为了规范会计领域需要统一的事项而制定的，但在司法会计鉴定中涉及会计处理是否正确问题时需要引用作为判定的依据。

二、引用技术标准的运用原则

引用技术标准可以作为司法会计检查中推断嫌疑账项的依据。在司法会计鉴定中，引用技术标准通常是作为判定标准使用，并构成具体问题的鉴定原理的组成部分。

在司法会计鉴定中运用引用技术标准，应当遵循以下原则：

（一）相关性原则

相关性原则，也称针对性原则，是指在司法会计鉴定中，应当选用与鉴定内容相关的最具体的引用技术标准作为鉴定依据。

（二）有效性原则

有效性原则，是指当存在不同时期标准内容不一致的情形，应当选用检验涉及的财务会计资料形成时，或检材所反映的财务业务出现时仍然有效的引用技术标准作为鉴定依据。

（三）合法性原则

合法性原则，是指当存在标准冲突的情形时，应当选用符合有关法律规定的引用技术标准作为鉴定依据。

（四）合理性原则

合理性原则，是指当同一标准文件中规定了多个可供选择标准时，应当根据实际情况选用最为合理的标准作为鉴定依据。

（五）前提适用原则

前提适用原则，是指在使用引用技术标准时，应当判明标准的适用前提，选择与鉴定事项具有同一前提的标准作为鉴定依据。例如：对涉及已终止企业财务会计问题的鉴定时，不能采用一般的会计准则作为鉴定依据，因为这些准则的适用前提是持续经营。

（六）物质形式原则

物质形式原则，是指司法会计鉴定应当采用以书面或电子等物质形式存在的引用标准。财务会计标准的形式包括书面（含电子）形式和口头形式，但在司法会计鉴定中所运用的引用标准必须是以书面、电子文档等物质形式客观存在的，这是因为口头标准在诉讼中表现为当事人陈述或证人证言等言词证据，而这类言词证据属于参考证据的范畴，不能作为司法会计鉴定人作出鉴定意见的依据。

第三节　司法会计鉴定的证据

一、司法会计鉴定证据的含义

（一）司法会计鉴定证据的定义及特征

司法会计鉴定证据，是指在司法会计鉴定中，鉴定人引以进行鉴别分析，或据以作出鉴定意见的事实根据。

司法会计鉴定证据包含以下三个特征：

1. 司法会计鉴定证据是司法会计鉴定的事实依据，具有一定的客观性。这一特征反映了司法会计鉴定证据的基本属性。司法会计鉴定证据是对案件所涉及的财务会计事实的反映，是司法会计鉴定的客观基础，因而具有一定的客观性。这种客观性主要表现为司法会计鉴定证据客观存在而非诉讼主体和其他诉讼参与人臆造的。司法会计鉴定证据存在与否、是否适用和可验证，决定着司法会计鉴定能否受理以及能否顺利实施。只有具备适用和可验证的司法会计鉴定证据，司法会计鉴定人才能受理并作出鉴定意见。

2. 司法会计鉴定证据是司法会计鉴定过程中使用的证据。这一特征反映了司法会计鉴定证据的运用范畴，并以此区别于诉讼证据的概念。司法会计鉴定证据反映与案件有关的财务会计事实，必然会有一部分或大部分甚至全部被用作诉讼证据，但只有在司法会计鉴定中被使用的证据材料，才能称为司法会计鉴定证据。

3. 司法会计鉴定证据是司法会计鉴定人进行鉴别分析或作出鉴定意见的事实根据。这一特征反映了司法会计鉴定证据的基本用途和作用。首先，从证明案件事实的角度讲，司法会计鉴定实际上是"以证举证"的过程，即司法会计鉴定人根据司法会计鉴定证据鉴别、判定涉案财务会计问题，并提供鉴定意见这一诉讼证据；其次，只有与鉴定事项有关，可以由司法会计鉴定人引以进行鉴别分析或据以作出鉴定意见的证据材料才能作为司法会计鉴定证据。区分哪些证据可以用于司法会计鉴定的鉴别分析依据，哪些证据可以作为司法会计鉴定意见的依据，是司法会计鉴定证据理论的主要研究内容和研究目的之一。

（二）司法会计鉴定证据与诉讼证据的关系

诉讼证据，是指能够直接用于作为定案根据的各种证据。其中，经过查证属实的诉讼证据能够作为定案的根据。

司法会计鉴定证据与诉讼证据的联系主要表现为：

1. 二者都是依法定程序收集形成的，都需要具备合法性的基本要求。

2. 部分诉讼证据本身即可以作为司法会计鉴定证据，如财务会计资料证据，从这个角度讲，司法会计鉴定证据与诉讼证据有一定的重合性。

3. 在同一案件中，有些未作为鉴定意见依据的诉讼证据，对司法会计鉴定证据有着证实和说明作用。

司法会计鉴定证据与诉讼证据的差异主要表现为：

1. 作为定案根据的诉讼证据中，与鉴定事项无关的部分不会成为司法会计鉴定证据，反之，作为鉴定根据的司法会计鉴定证据中，不直接用于定案根据的部分也不会成为诉讼证据，如财务会计资料。

2. 考察诉讼证据的证明资格、证明程度是针对整个案件事实而言的，而考察司法会计鉴定证据的证明资格和证明程度则只是针对鉴定意见而言的。

3. 诉讼证据包括物证，而司法会计鉴定证据不包括物证本身。在司法会计鉴定证据中，物证可能会以勘验检查笔录、书证等形式作为涉案财物数量的证据，并不需要将物证本身作为司法会计鉴定证据，但诉讼证据显然包括了物证本身。

4. 二者在理论上有着不同的划分方法与划分标准。司法会计鉴定证据明确地分为基本证据和参考证据两大类；而确认案件事实采用自由心证的方式，使得诉讼证据不需要被分为基本证据和参考证据两类。

二、司法会计鉴定证据的基本要求

在司法会计鉴定中，司法会计鉴定人所采用的鉴定证据必须符合以下两点基本要求：

1. 司法会计鉴定证据必须是依法定程序收集或审查形成的鉴定材料。这是对司法会计鉴定证据来源的基本要求。根据这一要求，司法会计鉴定人在鉴定中发现缺少必需的司法会计鉴定证据时，应当向送检方提出补充证据的要求，由送检方负责补充收集。

2. 司法会计鉴定证据必须是由送检人确认了其可靠性的鉴定材料。这是对提供司法会计鉴定证据的基本要求。司法会计鉴定人在鉴定中必须随时注意考察鉴定材料的可靠性，发现疑点应当通知送检人进行核查，以确保鉴定意见的可靠性。

三、司法会计鉴定的基本证据

（一）基本证据的内涵及外延

基本证据，是指能够采用司法会计专业技术对其内容进行检验分析，并能够作为司法会计鉴定意见依据的司法会计鉴定证据。

从证据形式上讲，基本证据主要包括：

1. 鉴定事项所涉及的财务会计资料证据。

2. 鉴定事项所涉及的财务会计资料。

3. 通过司法会计检查形成的，能够说明上述证据内容客观情况的《勘验、检查笔录》。

（二）基本证据的特点

1. 可鉴别性。可鉴别性，是指司法会计鉴定人运用自身的专门知识和经验，能够对基本证据的内容进行鉴别分析。这一特点是司法会计鉴定人能够将其作为鉴定意见依据的技术保障，也是司法会计鉴定活动赖以存在并被运用于各种诉讼中的专业基础。

2. 稳定性。除《勘验、检查笔录》外，基本证据的内容都是在案发前就以文字形式所固定的，其内容在诉讼中或诉讼后都不会发生变化，具有较强的稳定性。这一特点是司法会计鉴定人能够保证鉴定意见自身稳定性的客观基础。

3. 可靠性。除《勘验、检查笔录》外，基本证据都是在财务会计活动的过程中形成的，其内容在诉讼开始以前即以特定的物质形式所固定。这就决定了基本证据在其被收集和使用的过程中不易被加入人为因素，因而其可靠性较强。这里所谓不易加入人为因素，是指在基本证据形成过程中不易加入证据提供者（如当事人、证人）、证据加工者（如案件调查、检察、审判人员及律师等）的个人意志。

（三）基本证据在司法会计鉴定中的地位

基本证据的存在是司法会计鉴定得以进行的前提。诉讼中，在没有基本证据或基本证据明显不足的情况下，不应当提请进行司法会计鉴定，司法会计鉴定人也不应当受理鉴定；在司法会计鉴定中，司法会计鉴定人如发现缺少必需的基本证据，则不应作出确定性鉴定意见或应当终止鉴定。

四、司法会计鉴定的参考证据

（一）参考证据的内涵及外延

参考证据，是指能够说明案件所涉及的财务会计业务内容，并对检验鉴别分析和作出鉴定意见具有参考意义，但不能作为鉴定意见依据的司法会计鉴定证据。

从证据形式讲，参考证据主要是指当事人的叙述、证人证言、鉴定意见以及除基本证据以外的书证等。

参考证据由于不具备基本证据的特点，因而不能作为司法会计鉴定意见的根据。

（二）参考证据的作用

参考证据虽不能作为鉴定意见的依据，但这并不否定其在司法会计鉴定中作用。

1. 在司法会计鉴定中，鉴定人根据参考证据可以考察有关财务会计资料制作人的业务水平及资料的制作背景等，进而可以考察基本证据的可靠性。

2. 司法会计鉴定人可以借助于参考证据来考察基本证据的完备性，以便发现基本证据的不足，及时要求补充基本证据或科学地使用现有基本证据来解决鉴定问题。

3. 司法会计鉴定人在某些情形中还可以借助于参考证据来合理地确定财务会计资料的检验范围。

（三）司法会计鉴定实践中对参考证据的运用

1. 明确采用参考证据作为鉴定意见的依据。主要表现为将参考证据理解为审计学上的辅助证据，在基本证据不足的情况下采用言词证据作为补充，并表述在鉴定文书中。

2. 没有在鉴定书中表述相关的参考证据内容，但在结论和论证结论时却实际采信了参考证据。

五、划分基本证据与参考证据的意义

将司法会计鉴定证据划分为基本证据和参考证据的意义，主要表现在两个方面：

1. 有利于保障司法会计鉴定的科学性。通过基本证据与参考证据的划分，可以明确和突出基本证据在司法会计鉴定中的地位，奠定司法会计鉴定意见的客观基础，从而保障司法会计鉴定意见的科学性。

2. 有利于保障司法会计鉴定意见的可靠性。根据司法会计鉴定证据与鉴定意见的关系将鉴定证据划分为基本证据和参考证据两类，明确二者与鉴定意见之间的不同关系，既可以避免因基本证据本身存在的缺陷而可能导致鉴定意见出现瑕疵或错误，又可以否定依据参考证据作出鉴定意见的错误做法，从而为科学地出具可靠件较强的鉴定意见提供保障。

第四节　司法会计鉴定的组织

司法会计鉴定依法应当由具有司法会计专门知识的人实施，但需要由送检方提请和组织。送检方是指启动并组织司法会计鉴定诉讼主体，主要是指启动司法会计鉴定的诉讼机关及其工作人员。送检方组织司法会计鉴定，需要做的工作主要包括：确定是否进行司法会计鉴定、确定司法会计鉴定的方式及鉴定人、送检。

一、司法会计鉴定的确定

（一）考察进行司法会计鉴定的必要性

所谓司法会计鉴定的必要性，是指具体案件诉讼中是否需要组织实施司法会计鉴定的问题。换句话说，具体案件中是否存在需要通过司法会计鉴定解决的财务会计问题。

最简单和最直接的考察方法，就是根据案情、司法会计鉴定常识和诉讼经验，直接判明有无需要通过司法会计鉴定解决的财务会计问题。具体考察时，主要是看案件中有无属于司法会计鉴定范围的财务会计问题。例如，出纳人员的贪污现金的案件诉讼中都会涉及"库存现金应结存额与实际结存额是否相符"这一财务问题的鉴定；涉及经营所得分配事实的纠纷案件中都会遇到"经营损益"问题的鉴定；涉及投资的犯罪案件或投资收益分配纠纷案件中都会涉及"投资损益"问题的鉴定。

需要特别强调的是，在刑事诉讼中遇有需要鉴定的财务会计问题时，无论当事人是否提出要求，都应当视为有必要进行司法会计鉴定；而在民事诉讼中遇有需要鉴定的财务会计问题时，通常应当由当事人（或由法官提示当事人）提出鉴定申请，当事人未提出或经法官提示后仍然认为没有必要的，通常视为没有必要。

（二）考察进行司法会计鉴定的可行性

司法会计鉴定的可行性，是指具体诉讼中是否具备进行司法会计鉴定的客观条件，即案件所涉及的财务会计问题能否通过司法会计鉴定解决。

对司法会计鉴定可行性的考察重点是本案是否具备进行司法会计鉴定所需要的鉴定材料。主要有两个考察途径：一是根据司法会计鉴定的常识和诉讼经验，直接判明本案已经获取或能够获取的检材能否满足司法会计鉴定的需要；二是通过咨询司法会计师或拟聘请的鉴定人，考察确定本案司法会计鉴定的可行性。

参考案例 5 - 5

甲公司为了扩大其炒股资金，采用合同诈骗的方法获取了巨额资金并投入证券交易。该案侦查中发现，应当通过司法会计鉴定确认合同诈骗所得赃款用于炒股的投资损益额，以便查明是否存在非法所得（投资收益）或查明赃款去向（投资损失）。但主办人员认为，该公司原本一直炒股，后将诈骗所得款项投入其公司炒股的资金账户，司法会计鉴定人根本无法将赃款投资损益与公司投资损益分开，因而没有提请司法会计鉴定。该案件的公诉审查起诉中，公诉人认为应当组织司法会计鉴定，后将案件退回侦查机关要求补充提供司法会计鉴定意见。侦查人员就甲公司账户中特定（赃款）投资所形成的投资损益问题组织了司法会计鉴定，司法会计鉴定人通过鉴定后确认：甲公司证券资金账户某期间存入的某项（指赃款）投资额共计××元，形成投资收益××元。

在司法实践中，应当避免出现将司法会计鉴定的目的作为鉴定事项向鉴定人提出的情形。另外，同一案件中可能仅涉及一项司法会计鉴定事项，也可能会涉及多项鉴定事项，应当根据查明具体案情的需要确定具体的鉴定事项。

二、司法会计鉴定方式与鉴定人的确定

（一）司法会计鉴定方式

司法会计鉴定的方式，是指司法会计鉴定的组织形式，主要有报告式和会议式两种。

1. 报告式鉴定。报告式鉴定，是指由司法会计鉴定人亲自制作司法会计鉴定文书报告鉴定结果的一种司法会计鉴定方式。报告式鉴定适用于不同种类的司法会计鉴定，是各类诉讼中使用最广泛的一种司法会计鉴定方式。

2. 会议式鉴定。会议式鉴定，是指司法会计鉴定人通过参加鉴定会议，对提请鉴定的问题进行分析论证，并提出结论性意见的一种司法会计鉴定方式。

会议式鉴定的整个过程及鉴定意见，应当制成鉴定笔录，由参加鉴定的司法会计鉴定人审阅后签名。鉴定笔录是司法会计鉴定文书形式的一种，会议式鉴定通常只适用于鉴定复核。

选择司法会计鉴定的方式时，应当根据具体的鉴定目的、鉴定事项和可利用的诉讼时间的要求，适当地确定司法会计鉴定的方式。原则上，除鉴定复核外，一律采用报告式鉴定。

（二）司法会计鉴定人的确定

司法实践中，应当根据本地专业人员的状况及鉴定主体资格的要求，确定合适的鉴定人选。为了便于考察鉴定人选的专业能力，确定司法会计鉴定人选时的职业选择顺序通常为：司法会计师、注册会计师、从事相关专业实际工作的财会或审计人员、相关专业的教学人员。根据司法会计鉴定人的主体资格要求，对鉴定人选进行实际考察，以确定是否由其来担任本案的司法会计鉴定人。

送检方确定司法会计鉴定人后，应向鉴定人介绍案情，明确告知鉴定的目的和鉴定事项。对司法会计师以外的鉴定人，还应讲明有关诉讼回避的法律规定。在司法会计鉴定人表示受理鉴定后，则需要办理相应的指派或聘请手续，正式通知鉴定人及其所在机构。其中，聘请司法会计鉴定人应当征得鉴定人所在单位的同意。

三、送检

送检，是指司法机关向司法会计鉴定人提供和送达鉴定所需的鉴定材料。

（一）送检的基本要求

送检人提供的鉴定材料必须客观、可靠。这是保证司法会计鉴定能够科学顺利地进行，以及能够科学的作出鉴定意见的重要前提。

送检人对所送鉴定材料的可靠性必须予以确认。对诉讼中已经发现并证实含有虚假内容的原始凭证及各种伪造的财务会计资料，应当说明并提供相关证据资

料供鉴定人参考；对需要通过鉴定证实其真实性和正确性的会计核算资料，应当明确地提出鉴定事项；对司法会计鉴定人在鉴定中发现并要求送检机关核实的有虚假嫌疑的财务凭证等财务会计资料，送检人应及时予以核查，并将核查结果及时告知鉴定人。

（二）送检内容

司法会计鉴定中需要进行检验的各种资料，称为检材。进行司法会计鉴定应当由送检人向鉴定人提供下列检材：

1. 鉴定事项内容涉及的财务会计资料证据。

2. 鉴定事项内容涉及的财务会计资料，主要是指鉴定事项涉及的主要单位相关会计期间的相关财务会计资料。

3. 鉴定事项涉及的《勘验、检查笔录》，主要是指库存现金、存货等资产检查笔录。

其他与鉴定事项有关的案卷材料（如当事人、证人的叙述材料），鉴定人认为有必要时可以查阅，但一般不作为送检的内容。

（三）送检方式

通常采用送达方式送检，即将检材及相关材料送达司法会计鉴定人的工作场所。在鉴定涉及的财务会计资料证据尚未固定，或涉及的财务会计资料较多等不便采用送达方式的情形，可以请司法会计鉴定人员在检材存放地点就地检验，以防检材遗失。

（四）办理送检手续

采用送达方式送检的，应当办理检材及相关材料的移交手续，对补充送达的检材应当单独办理送检手续。

送检手续可以由鉴定人在检材送达文书上签名，也可以由鉴定人开具《收检清单》。

 ## 第五节 司法会计鉴定的方法与程序

司法会计鉴定方法，是指司法会计鉴定人解决涉案财务会计问题的思路，包括鉴定方法、鉴定技巧和鉴定路线。

一、司法会计鉴定方法与技巧

（一）比对鉴别法

比对鉴别法，是指以正确的财务会计处理方法及处理结果作为参照客体，将其与检材中所记载的需要鉴别分析的财务会计处理方法及处理结果进行比较、对照，鉴别判定检材中所反映的财务会计处理方法及处理结果是否正确、真实的一种司法会计鉴定方法。

比对鉴别法是以财务会计处理方法的特定性作为鉴定原理的一种司法会计鉴定方法。基于财务会计的处理方法与其适用对象之间具有特定的同一关系，鉴定人可以根据鉴定证据中记录的相关财务会计业务内容，依照有关财务会计处理的技术标准制成参照客体，同时，将鉴定证据中需要进行鉴别分析的财务会计处理方法及处理结果设定为比对客体，然后将二者进行比较，如果一致，则可判定需要鉴定的财务会计处理方法及处理结果是正确的或真实的；二者如不一致，则可判定需要鉴定的财务会计处理方法及处理结果是错误的或虚假的。

从上述原理可以看出，比对鉴别法与司法会计检查中的核对法、比较法是不同的：

从方法的内容方面讲，采用比对鉴别法必须依据特定的原理与方法制作出参照客体，方可进行比对鉴别；而核对法与比较法是不需要设定参照客体的。

从客体形式上讲，比对鉴别法是一个由鉴定人设定的参照客体与一个实际客体之间的比较；而核对法与比较法则是两个或两个以上的实际客体之间的核对与比较。

从结果上看，比对鉴别法可以直接判定比对客体正确与否；而核对法则需要借助于其他检查结果才能确认其中的某一核对客体是否正确，比较法则无须判定比较客体的正确性。

采用比对鉴别法进行鉴定时，大致可分以下三步进行：

第一步，根据比对内容，确定制作参照客体所适用的引用技术标准。

第二步，根据相关证据及引用技术标准，设计、制作参照客体。在实际鉴定中，应将参照客体按照比对的内容制作成书面文件。

第三步，将参照客体按照比对的内容与鉴定证据中的比对客体逐一进行比较、对照，从而确认比对客体的内容是否正确或真实。

比对鉴别法主要适用于对会计分录、账户余额、会计报表项目数字和各种财务指标计算结果正确性，以及会计处理记录真实性的鉴别。

（二）平衡分析法

平衡分析法，是指根据资金或数据的量的平衡关系，通过验证平衡，推导并确认某项资金或数据客观情况的一种司法会计鉴定方法。

平衡分析法是以资金运动的规律性和反映资金运动规律的量的平衡关系作为鉴定原理的一种司法会计鉴定方法。基于资金之间及相关数据之间具有客观的平衡关系，鉴定人可以将需要推导和确认的某项资金量或某一数据确定为分析量，同时，将与分析量有关的资金量或数据设定为参照量，根据参照量与分析量之间的平衡关系，运用参照量的量值推导出分析量的量值，并据以分析和证明有关财务会计业务结果以及相关记录的真实性。

采用平衡分析法进行鉴定时，可按下列步骤进行：

第一步，根据相应的平衡分析机制，确定需要采用的参照量的范围。

第二步，对财务会计资料进行检验，并根据检验结果及相关证据，确定参照量的实际量值。

第三步，根据相应的平衡原理，计算或确认分析量的实际量值。

第四步，根据求得的分析量的量值，对鉴定事项涉及的问题进行分析判断，作出相应的结论。

平衡分析法主要适用于对财务会计资料所反映的财务会计记录的真实性进行鉴别和判定，或直接推导有关财务会计数据的鉴定意见。

（三）因素递增法

因素递增法，是指在鉴定过程中逐步增加鉴别分析因素的一种司法会计鉴定方法。

采用因素递增法进行司法会计鉴定时，先将需要进行鉴别分析的各种因素，按对其实施鉴别分析的难易程度由易到难的顺序排列，然后逐步将各个因素纳入鉴别分析的范围，最终仍存在无法进行鉴别分析的因素时，可在鉴定意见中附加判定条件。

因素递增法通常是司法会计鉴定中遇有鉴定证据不全，或对鉴定证据的真实性、可靠性存有异议等情形时所使用的一种鉴定方法。

（四）限定检材范围法

限定检材范围法，是指通过人为限定检材的检验范围，将本应通过对较大范围的检材进行检验解决的鉴定问题，限定在可检验资料的范围内来解决的一种司法会计鉴定方法。

采用限定检材范围法进行司法会计鉴定，主要是通过按一定规则缩小检验检材的范围，从而有限度地解决案件所涉及的财务会计问题。

限定检材范围法通常适用于因受检材质量或鉴定时间的限制，无法通过对较大范围的检材实施检验或无法利用对较大范围检材的检验结果作出鉴定意见等情形。

采用限定检材范围法应当遵循下列特别规则：

1. 在确定采用限定检材范围法时，应当告知送检人采用这一鉴定方法的原因及其风险性。送检人不同意采用这一鉴定方法，应当按照正常检验范围实施检验；正常检验范围检材不足且无法补充的，应当拒绝鉴定或终止鉴定。

2. 严格按照特别假定的运用规则实施鉴定。其中，在鉴定意见中必须具体说明结论所依据的鉴定证据的范围，以便鉴定意见的审查者能够意识到或正确认识该项鉴定意见存在的检材缺陷。

（五）排因法

排因法，是指在涉及确认因果关系司法会计鉴定中，通过检验、鉴别和分析，逐步排除与初步结论意见有关的其他可能因素，从而确认其中一种原因或结果的一种司法会计鉴定方法。

采用排因法进行司法会计鉴定时，首先应将能够导致某一财务会计后果产生的所有原因或某一财务会计现象能够导致产生的所有后果全部列示出来，然后通过检验、鉴别和分析财务会计资料及相关证据，全力排除其他原因的作用或导致其他后果的可能，最终确认导致某一后果的原因或某一现象所产生的后果。

排因法主要适用于认定财务会计错误关系等因果关系问题确认的司法会计鉴定。

采用排因法进行司法会计鉴定时，必须做好以下两项工作：

1. 要将所有的可能性全部客观地列示出来，既不能遗漏，也不能凭主观想象随意添加。

2. 要将所列示出的全部可能性逐一进行科学的分析，分别予以肯定或否定，如出现不能肯定其一或不能否定其他的情形时，不得作出确定性结论。

二、财务会计问题的不同鉴定路线

（一）财务问题的基本鉴定路线

财务问题鉴定，是对涉及确认资产、负债、所有者权益、收入、成本费用等财务状况以及财务成果的财务问题进行的司法会计鉴定。

财务问题的鉴定有两条基本路线：直接鉴定法和借用会计法。

1. 直接鉴定法。直接鉴定法，是指不利用会计核算结果，而直接依据对财务资料内容的检验分析结果，鉴别判定财务问题的鉴定路线。

在财务问题鉴定中遇有下列情形时，应当采用直接鉴定法：

（1）鉴定事项涉及财务资料较少，无需利用会计资料的；

（2）财务主体没有会计核算资料或因特定原因无法获取会计资料的；

（3）虽有会计核算资料，但会计核算资料质量太差无法利用的。

采用直接鉴定法，在检材涉及财务资料很少的情况下，可直接根据对财务资料记载内容检验结果，鉴别、判定财务问题；在检材涉及财务资料较多的情形下，可以先根据鉴定原理，制作相应的鉴定表格，然后逐一检验财务资料，并将相关内容填列到鉴定表格中，然后利用鉴定表格分类汇总相关财务信息并进行相应运算，最终确认相关财务问题，作出鉴定意见。

2. 借用会计法。借用会计法，是指以原会计核算的结果为基础，采用财务标准对原会计核算结果进行调整，鉴别判定财务问题的鉴定路线。

借用会计法适用于财务资料较多且会计资料质量较高的情况下进行的财务问题鉴定。

（二）会计问题的基本鉴定路线

会计问题鉴定，是对涉及确认会计处理事项及会计核算结果的正确性、真实性、合规性等会计问题进行的司法会计鉴定。

会计问题鉴定有两条基本路线：重新核算法和调节法。

1. 重新核算法。重新核算法，是指根据原始凭证（含相关证据）及会计标准，重新核算会计处理事项或会计核算结果，确认会计问题的鉴定路线。

重新核算法适用于会计问题鉴定中，原会计核算中所含错误较多，需要确认正确会计处理事项或会计核算结果情形。

采用重新核算法，应当记录重新核算的内容和结果。

2. 调节法。调节法，是以原会计核算结果为基础，通过调节该结果中所有弊端账项对原核算结果所造成的影响，计算确认正确核算结果的会计问题鉴定路线。

调节法适用于原会计核算结果中所含会计错误较少的情况下进行的会计问题鉴定。

三、司法会计鉴定程序

司法会计鉴定程序，大致可分为鉴定准备、初步检验、详细检验和制作鉴定意见四个阶段。

（一）鉴定准备阶段

鉴定准备阶段，又称鉴定受理阶段。这一阶段主要包括受理、收检和备检三项内容。

1. 受理。受理，是指司法会计鉴定人同意接受指派或聘请，准备进行司法会计鉴定的一种意思表示。

在被指派或聘请担任某一案件的司法会计鉴定人后，司法会计鉴定人应先听取送检人对案情、鉴定目的、鉴定事项和检材情况的介绍，然后根据自己的学识水平与经验，判定能否胜任鉴定以及有无应当回避的情形，确定是否受理。

司法会计鉴定人同意受理鉴定，并收到指派或聘请鉴定的书面通知后，即可着手进行收检和备检工作。

司法会计鉴定人不同意受理鉴定，应当出具《不受理司法鉴定说明书》。

参考案例 5 - 6

兰溪公司与洋流公司的民事诉讼案件中，法官向司法会计鉴定人提出了六项鉴定事项，司法会计鉴定人审查后确定受理其中的五项鉴定事项，不受理要求鉴定人确认"已支出款项但尚未经审核报账的 203 份财务凭证共计 1 854 387. 30 元中，有多少数额属于××合作项目应当支付的费用"的鉴定事项，并出具了《不受理司法会计鉴定说明书》。该文书中说明的理由是：送检的财务凭证均为日常费用开支凭证，送检方无法提供合作项目核销费用的具体财务标准，因而不具备就提请鉴定的事项作出鉴定意见的依据，故不予受理。

司法会计鉴定人同意受理鉴定，并收到指派或聘请鉴定的书面通知后，即可着手进行收检和备检工作。

2. 收检。收检，是指司法会计鉴定人接收检材的过程。收检工作通常包括确定检材范围、审查检材和办理收检手续等项内容。

司法会计鉴定人应当根据鉴定目的、鉴定事项、送检人介绍的检材情况及专业经验，确定检材范围。

审查检材，是指司法会计鉴定人对检材进行初步的审核查验。主要是审核检材的种类、数量等是否符合检材范围的要求，查验检材是否完整，有无缺损遗漏等情形。

办理收检手续，是指司法会计鉴定人对决定接收的检材，与送检人办理检材的交接手续。办理收检手续时，司法会计鉴定人应对检材进行清点，然后根据清点的结果填写《收检表》。

3. 备检。备检，是指司法会计鉴定人收集和熟悉鉴定所需的各种司法会计技术标准的一项鉴定准备工作。

司法会计鉴定范围很广，所涉及的鉴定技术标准也很浩繁，司法会计师等鉴定人日常不可能熟悉所有的鉴定技术标准。因此，鉴定人在受理鉴定后应当收集和熟悉鉴定技术标准。

（二）初步检验阶段

初步检验阶段，是指司法会计鉴定人通过阅读卷宗，检测检材质量，作出初检结论，并据以制定详细检验论证方案的司法会计鉴定过程。

1. 阅读卷宗。阅读卷宗，即阅读送检部门已取得的诉讼证据材料。其目的是进一步熟悉鉴定事项所涉及的财务会计事实，了解和掌握有关的财务会计事项的一些具体细节。

通常情况下，司法会计鉴定人只需查阅案卷中与鉴定事项有关的证据材料，而无需对送检部门已取得的所有材料全部进行阅读。

　　2. 检测检材质量。检材是司法会计鉴定人据以作出鉴定意见的证据依据。检材质量如何，不仅会涉及鉴定意见的质量，还会影响到鉴定能否进行的问题。所以，鉴定人应当在初步检验过程中对检材的质量状况进行检查和测试，判明检验鉴定的难易程度以及所需增加的非常规检验项目，为制定详细检验论证方案打下基础。

　　检材质量的检测项目可以包括：①鉴定事项涉及主要检材的质量检测；②账务处理水平的检测；③特殊账户核算内容的检测；④会计标准的检测；⑤其他与作出本项鉴定的初步结论有关的检测项目。

　　3. 作出初检结论。司法会计鉴定人在阅卷、检材质量检测和获取必要的补充检材后，应对已掌握的情况进行分析研究，并作出初检结论。

　　所谓初检结论，是指司法会计鉴定人在对阅卷及检材质量检测结果进行初步分析的基础上所作出的结论性意见。

　　初检结论的内容，大致包括两项：一是针对是否能够继续进行鉴定的问题所作的结论；二是针对鉴定事项所作的初步鉴定意见。

　　司法会计鉴定人作出的初步鉴定意见，是指司法会计鉴定人根据对初步检验结果的分析判断，就最终的鉴定意见的内容所作的推测性意见。作出初步鉴定意见的意义在于：一是初步鉴定意见是司法会计鉴定人制定详细检验方案的前提；二是初步鉴定意见在未来进行的详细检验中将会发挥主导作用。

　　4. 制定详细检验论证方案。所谓详细检验论证方案，是指司法会计鉴定人根据检材状况及初步鉴定意见所编制的进行详细检验论证的计划。

　　司法会计鉴定人通常需要在方案中明确：①鉴定原理，即鉴定所采用的主要标准、基本方法、技巧与路线；②具体的检验分析项目以及各项目的目的与要求；③检验结果的汇总顺序；④检验中需要特别注意的事项。

　　5. 设计制作鉴定表格。鉴定表格，是指司法会计鉴定人根据检验鉴别分析的需要而设计的，用来记录、汇总详细检验论证过程和结果的专用表格。通常采用电子表格设计，常用的鉴定表格可以制成电子模版，以方便反复使用。

　　鉴定表格的种类和格式，由鉴定人根据具体案件的检验分析及论证的需要而自行设计，无统一的要求。常用的鉴定表格主要有：

　　（1）记录参照客体的账户余额调节表、复记账户的"账页"等；

　　（2）汇总有关财务收支事项的收入汇总表、支出汇总表或财务收支汇总表等；

（3）记录试算账户平衡关系的余额平衡表及各种重新制作的会计报表等；

（4）汇总有关财物收付事项的财物入库汇总表、财物出库汇总表或财物收付汇总表等；

（5）分析汇总特定会计事项处理情况的会计分录汇总表等；

（6）分析汇总会计错误的错误账项汇总分析表等；

（7）投资损益计算表；

（8）税金计算表；

（9）利润计算表；

（10）信用证使用情况汇总表等。

鉴定表格在司法会计鉴定中的作用，主要表现为：①可以用来记录检验情况，作为司法会计鉴定人的工作底稿；②可以汇总鉴定所需的情况及数据，以方便其对鉴定问题的鉴别、分析和论证；③可以用于制作司法会计鉴定文书的附件。

（三）详细检验阶段

详细检验阶段，是指司法会计鉴定人根据详细检验论证方案，采用既定方法，按照各检验分析项目的具体要求，通过深入细致的检验、分析和鉴别，分别作出具体的鉴别分析意见的司法会计鉴定过程。

第一步，检验检材。即对该检验分析项目所涉及的检材进行具体的检验，并取得检验结果。

第二步，提出鉴别分析意见。即根据该检验分析项目的检验所见及目的要求，作出具体的鉴别分析意见，判明该项检验结果是否符合详细检验论证方案的要求。

（四）制作鉴定意见阶段

制作鉴定意见阶段，是司法会计鉴定的最后阶段。这一阶段主要包括作出司法会计鉴定意见、制作司法会计鉴定文书和鉴定收尾三项工作内容。

司法会计鉴定意见，是司法会计鉴定人就提请鉴定的财务会计问题所作的结论性意见。司法会计鉴定人对各个检验分析项目进行详细检验论证后，通过汇总具体的鉴别分析意见，便可形成对鉴定问题鉴定意见。

由于不同类型的鉴定意见所需制作的鉴定文书的类型不同，所以应当根据鉴定背景、检材状况、采用标准状况等确定鉴定意见的类型。如：鉴定结论、分析意见、咨询意见。

司法会计鉴定人在作出鉴定意见后，应当制作司法会计鉴定文书，以书面形式提供司法会计鉴定意见。

　　制作司法会计鉴定文书以前需要做好的几项工作：①整理鉴定表格；②整理复制鉴定证据；③与办案人员交谈。

　　司法会计鉴定人在鉴定完毕后，还应当做好下列收尾工作：

　　1. 非职业鉴定人独立出具鉴定文书的，应当加盖本单位公章，以证明其身份。职业鉴定人出具鉴定文书，应当按照本鉴定机构规定的审核程序，办理审核手续，并加盖检验鉴定专用章。

　　2. 职业鉴定人应当将鉴定文书底稿、发出鉴定文书的副本连同鉴定表格、证据材料等一并归档。

　　3. 制作出庭文件，包括鉴定说明和答辩提纲。

　　4. 司法会计鉴定人将司法会计鉴定文书的正本，连同应当退回的检材一并送达送检部门，并应办理送达手续。

 第六节　司法会计鉴定结果

一、司法会计鉴定结果的类型

　　司法会计鉴定结果，是指司法会计鉴定的终结状态以及司法会计鉴定意见。

　　司法会计鉴定的终结状态，是指司法会计鉴定结束时的状态，包括终止鉴定和终结鉴定两类情形。

　　（一）终止鉴定

　　终止鉴定，是指司法会计鉴定人因鉴定标准、鉴定证据等方面的原因，无法就送检方提出的鉴定事项作出鉴定意见，在不出具鉴定意见的情况下结束司法会计鉴定的情形。

　　（二）终结鉴定

　　终结鉴定，是指司法会计鉴定人针对送检方提出的鉴定事项，经过鉴定提出了鉴定意见，从而完成司法会计鉴定的情形。

二、司法会计鉴定意见

　　（一）司法会计鉴定意见的含义

　　司法会计鉴定意见是指司法会计鉴定人针对送检方提请鉴定的财务会计问题，根据对财务会计资料及相关证据的检验结果，采用一定的标准进行鉴别、分析和判断后所作出的结论性意见。

　　司法会计鉴定意见属于诉讼证据，这是司法会计鉴定的基本属性。

此外，还应当注意把握好以下几点：

　　1. 司法会计鉴定意见是一种结论性意见。司法会计鉴定意见与作为鉴定意见载体的司法会计鉴定文书是截然不同的两个概念。对司法会计鉴定意见一词，应从其诉讼证据的基本属性来理解，即它只是一种结论性意见，而不应理解为是一种书面文件。

　　2. 司法会计鉴定意见是由司法会计鉴定人作出的结论性意见。我国实行鉴定人负责制，因而司法会计鉴定意见只表示司法会计鉴定人的个人意见，不应当理解为司法会计鉴定人代表其所在单位或机构出具的结论性意见。

　　3. 司法会计鉴定意见是司法会计鉴定人针对诉讼中的财务会计专门性问题作出的结论性意见。司法会计鉴定意见作为一种结论性意见，其结论的对象是诉讼中的财务会计专门性问题，司法会计鉴定意见的内容既不能回避提请鉴定的问题，也不能超出提请鉴定问题的范围。

　　4. 司法会计鉴定意见是完整的司法会计鉴定活动的结果。司法会计鉴定活动包括受理、初检、详检、制作鉴定意见等阶段，中介环节形成的检验结果不属于鉴定意见，即司法实践中不能以检验结果取代鉴定意见。

　　（二）司法会计鉴定意见与司法会计鉴定的证据文书之间的关系

　　司法会计鉴定文书包括程序文书和证据文书，其中司法会计鉴定的证据文书，是指司法会计鉴定人在进行司法会计鉴定结束时制作的，主要载明检验鉴定过程、鉴别分析意见及鉴定意见的司法会计文书，是司法会计鉴定意见的载体。在没有特别说明的情况下，"司法会计鉴定文书"一词不包含程序文书，而是特指司法会计鉴定的证据文书。

　　司法会计鉴定意见是司法会计鉴定文书的内容之一。司法会计鉴定文书的内容，不仅包括司法会计鉴定意见，还应当包括司法会计鉴定的诉讼依据、鉴定事项、检验概况、检验所见事实、鉴定标准、分析论证等内容。司法会计鉴定文书之所以包括鉴定意见以外的其他与鉴定有关的内容，主要是为了便于鉴定意见的使用者审查判断鉴定意见。明确这一点，对正确理解司法会计鉴定意见应当表述的内容至关重要。

　　（三）司法会计鉴定意见与司法意见的关系

　　司法意见，是指司法机关就案件的主要事实和法律适用问题作出的结论性意见。司法会计鉴定意见作为诉讼证据，是司法机关作出司法意见的事实根据（之一），这是司法会计鉴定意见与司法意见的基本关联。仅就事实认定而言，两者的差异则主要表现在主体、权力（权利）、标准、证据、性质等方面。

　　1. 两者的出具主体不同。司法意见是由特定的诉讼机关在相应的诉讼阶段结束时，针对该诉讼阶段所确认的案件事实作出的结论性意见，它本身所体现的不是某一办案人员的个人意见，而是诉讼机关的意见。司法会计鉴定意见则是由司法会计鉴定人作出的，并且只表达司法会计鉴定人的个人意见。

2. 两者所行使的权力（利）不同。司法意见是诉讼机关行使诉讼权力的结果（包括侦查权、检察权和审判权），而司法会计鉴定意见则是司法会计鉴定人行使诉讼权利（鉴定权）的结果。尽管诉讼机关的司法会计师可能同时具备侦查、检察等人员的身份，但其作为具体案件的司法会计鉴定人，并不得行使侦查权、检察权或审判权。所以，司法会计鉴定人依法无权制作司法意见。

3. 两者所依据的判定标准不同。一般来讲，司法意见是依据民事、刑事、行政法律作为判定标准形成的结论性意见，而司法会计鉴定意见则是依据司法会计技术标准作出的结论性意见。

4. 两者所依据的证据范围不同。司法意见是依据诉讼获取的能够作为定案根据的全部诉讼证据作出的，而司法会计鉴定意见则主要是依据财务会计资料及部分诉讼证据作出的。由于所引用的证据范围不同，结论所判定的事实范围也不相同。

5. 两者的性质不同。司法意见属于诉讼法律结论，只有在其他案件中需要引用司法意见所认定的事实时，才会作为诉讼证据；而司法会计鉴定意见在任何场合中其性质都是诉讼证据。

三、司法会计鉴定意见的技术属性

司法会计鉴定意见作为一种诉讼证据，其本身具备诉讼证据的一般属性，即具备证据的关联性、合法性。但如果我们从司法会计专业角度分析，司法会计鉴定意见还具有科学性、唯一性和局限性的特点。

（一）司法会计鉴定意见的科学性

司法会计鉴定意见的科学性，是指司法会计鉴定意见以其科学活动的结果来反映案件事实的属性。司法会计鉴定意见的这一技术属性，是由司法会计鉴定的科学性所决定的。司法会计鉴定意见的科学性，是其能够作为诉讼证据的根本所在。

（二）司法会计鉴定意见的唯一性

司法会计鉴定意见的唯一性，是指同一案件的同一财务会计问题的鉴定只有唯一的司法会计鉴定意见的属性。换个角度讲，司法实践中，如果对同一具体财务会计问题有两个或两个以上内容对立的司法会计鉴定意见时，其中必有一个是错误的，或者全部都是错误的。

（三）司法会计鉴定意见的局限性

司法会计鉴定意见的局限性，是指司法会计鉴定意见只能反映和证明特定方面的案件事实，而不能反映和证明全部案件事实的属性。这一属性也是其区别于司法意见的客观标志。其局限性是由司法会计鉴定的特点决定的。一方面，鉴定意见仅是以鉴定证据（而不是所有诉讼证据）为依据作出的，所以不可能反映案件事实的全貌；另一方面，由于鉴定意见是司法会计鉴定人的个人看法，因而可能会受到鉴定人的学识、经验等水平的限制而存在瑕疵。当司法会计鉴定意见被用作诉讼证据时，使用者必须对其进行审查判断。

四、司法会计鉴定意见的分类

（一）按结论依据不同划分

1. 司法会计鉴定结论。司法会计鉴定结论，是指司法会计鉴定人依据充分的检验结果和规范的鉴定标准作出的司法会计鉴定意见。

2. 司法会计分析意见。司法会计分析意见，是指司法会计鉴定人依据不够充分的检验结果和规范的鉴定标准作出的司法会计鉴定意见，其表达形式是司法会计分析意见书。

3. 司法会计咨询意见。司法会计咨询意见，是指司法会计鉴定人依据相关方提出的特别假定事项及相应检验结果、鉴定标准作出的司法会计鉴定意见，其表达方式是司法会计咨询意见书。

（二）按结论程度不同划分

1. 确定性鉴定意见，是指结论内容完全确定，不附带判定条件的司法会计鉴定意见。

2. 限定性鉴定意见，是指附带一定判定条件的司法会计鉴定意见。

（三）按照结论方向不同划分

1. 肯定性鉴定意见，是指确认某一财务会计事实发生和存在状况的司法会计鉴定意见。

2. 否定性鉴定意见，是指确认某一财务会计事实未发生或不存在的司法会计鉴定意见。

3. 司法实践中还有一种情形是或然性意见，也称倾向性意见，是指司法会计鉴定人作出的既不肯定也不否定或只确认某种可能性的意见。这种情形产生与鉴定证据不充分或检材质量太差有关。

五、司法会计鉴定意见的结构与表述方法

（一）司法会计鉴定意见的结构

1. 结论事项依据，即形成该结论所依据的证据范围。

2. 结论事项的归属，即结论所确认的财务会计事实发生的时间和涉及的财务会计主体。

3. 结论事项内容，即通过鉴定所确认的财务会计事实的形成、过程、结果等具体内容。

（二）结论事项依据的具体表述方法

结论事项依据部分，主要用来表达司法会计鉴定意见所依据的证据范围，它由检材的时间范围和检材的称谓组成。

检材的时间范围的表述方法通常有明确表述和隐含表述两种方法。

所谓明确表述，是指对检材的具体时间范围给予明确表述，即明确指出鉴定意见所运用的检材的时间范围，其含义是：本项鉴定意见只是依据对该期间的财务会计资料的检验结果作出的。

参考案例 5 – 7

根据对甲公司 2009 ~ 2010 年的财务会计资料（结论事项依据）的检验分析结果确认：甲公司（结论事项归属）"其他应收款——张某某"账户实际核算了"张某某"经手购销业务的采购成本、费用和销售收入，该账户系销售利润账户（不属于往来账户），该账户 2010 年期末贷方余额 350 376 元，反映了"张某某"本年度经手的购销业务的销售利润（结论事项内容）。

所谓隐含表述，是指对检材的时间范围不予表述，即本鉴定意见是依据对所有应当涉及期间的财务会计资料的检验结果作出的。

参考案例 5 – 8

根据对乙公司财务会计资料及相关证据（结论事项依据）检验分析结果确认：乙公司 2010 年（结论事项归属）应纳增值税总额为 300 万元，已纳税额 200 万元，未纳税额 100 万元，未纳税额占该公司全年所有应纳税额的 20%（结论事项内容）。

检材的称谓通常由被检验财务会计资料的来源和检材的类型组成。常见的称谓有：①会计资料；②财务资料；③财务会计资料；④财务会计资料及相关证据。

（三）结论事项归属的具体表述方法

结论事项的归属，通常用来表述司法会计鉴定意见所表达的财务会计事实的时间范围和主体范围。

结论事项的时间归属的表达主要有三类情形：一是指出结论事项涉及的具体日期；二是指出结论事项涉及的起止时间；三是指出结论事项涉及的会计期间。

结论事项所涉及的主体的表述方法，主要有直述法和引述法两种。所谓直述

法，是指在结论中直接使用相关财务会计主体的姓名或名称进行表述的方法，这种方法适用于不需要参考证据证明便可以直接确认的财务会计主体；所谓引述法，是指在结论中表述结论事项涉及主体时，使用引号将该主体的姓名或名称引起来的表述方法，这种方法适用于需要利用参考证据证明才能确认的财务会计主体的表述。采用引述法表明司法会计鉴定人并不确认该财务会计行为的主体是谁，只是对检材中所记载的财务会计主体的一种复述。

（四）结论事项内容的具体表述方法

结论事项的具体内容应当根据鉴定事项和鉴定结果进行表述。由于不同种类的财务会计问题其结论内容不同，因而无法统一结论事项的具体表述内容。但结论事项不应包含以下内容：

1. 不属于司法会计鉴定范围问题涉及的事实，如财务会计行为的定性问题；

2. 鉴定人未取得相应的检验结果的支持因而推测的事实；

3. 不属于回答鉴定事项的内容，如结论事项的理由、各类建议性意见、对财务会计人员业务水平及其工作态度的评价等。

第七节　司法会计文书

一、司法会计文书概述

（一）司法会计程序文书

司法会计程序文书，是指用于提起、中止、终止司法会计活动而制作的司法会计文书，是一种程序性证据。

司法会计程序文书主要包括：送检报告、委托书、聘请书、技术协助通知书、补充检材通知书、中止鉴定通知书、终止鉴定通知书、咨询函等。其中，送检报告、聘请书、技术协助通知书由送检人制作；补充检材通知书、中止鉴定通知书和终止鉴定通知书由司法会计师制作；咨询函可由诉讼机关或当事人（及其律师）制作。

司法会计程序文书的主要作用是记录提起、中止、终止司法会计活动等情况，在案件中证明有关程序事实。案件诉讼中涉及的事实既包括实体事实（即一般意义上的案件事实），也包括诉讼中进行各种诉讼活动所形成的程序事实。当诉讼中进行司法会计活动时，则需要利用司法会计程序文书来证明涉及司法会计活动的程序事实，以保证和证明司法会计活动的程序合法。

（二）司法会计证据文书

司法会计证据文书，是指由司法会计主体制作的，承载证据内容的司法会计文书，主要包括司法会计勘验、检查笔录；司法会计检验报告；司法会计鉴定文书（鉴定书、分析意见书、咨询意见书、测算意见书、鉴定说明）、司法会计文证审查意见书、司法会计鉴定复核意见书。

司法会计审查文书属于专家证言中专门针对诉讼证据问题作出的文书。这类文书不同于司法会计程序文书之处在于它载明结论性意见，对诉讼机关正确认识和运用证明财务会计事实的证据起着帮助作用；这类文书不同于司法会计证据文书之处在于，它所承载的结论意见不针对案件事实本身，而是针对相关证据提出的看法。

二、司法会计鉴定意见与鉴定文书

司法会计鉴定意见按照其形成的依据不同，可以划分为鉴定结论、分析意见、咨询意见等若干类型。表达不同类型的鉴定意见所采用的鉴定文书也不同。

司法会计鉴定文书，是指由司法会计鉴定人在鉴定结束时制作的，主要载明检验鉴定过程、鉴别分析意见及鉴定意见的司法会计证据文书。

司法鉴定人出具"鉴定结论"时，采用《司法会计鉴定书》表达；出具"分析意见"时，采用《司法会计分析意见书》表达；出具"咨询意见"时，采用《司法会计咨询意见书》表达。

三、司法会计鉴定文书的形式要件与参考格式

（一）司法会计鉴定书的形式要件

根据司法会计鉴定书的用途以及审查、判断鉴定结论的需要，司法会计鉴定书通常应当包含标题与文号、鉴定依据与鉴定事由、鉴定事项、接受检材概况、检验所见及检验结果、鉴定结论的论证、鉴定结论、鉴定机构名称及业务专用章、鉴定人签名、报告日期、附件情况等基本内容。

1. 文书的标题与文号。文书标题反映司法会计鉴定文书的类型，司法会计鉴定书的标题即为"司法会计鉴定书"。文号，是指司法会计鉴定机构对鉴定书进行的编号，例如：高检技鉴字［20××］×号。文号反映了鉴定书是由职业鉴定人的执业行为结果，也方便使用者引用和查询鉴定书。

2. 鉴定依据与鉴定事由。鉴定依据，是指启动本项司法会计鉴定的法律依据，包括送检方名称、启动文书名称等。鉴定依据是鉴定书的使用者审查司法会计鉴定合法性的依据，但目前司法实践往往缺少对鉴定依据的表述。鉴定事由，是指本项司法会计鉴定所涉及的具体案件的称谓，用于明确本项鉴定是在哪一案件的诉讼中进行的。例如，某某某涉嫌非法经营案件；甲诉乙某某房屋纠纷案件等。

3. 鉴定事项。鉴定事项，是指本项司法会计鉴定所要解决的财务会计问题。鉴定事项应当与送检方在启动鉴定文书中所列示的鉴定事项一致。

4. 接受检材概况。接受检材概况，是指送检方提供检材或其他鉴定材料的基本情况，通常包括送检人、送检日期、主要检材名称等。

5. 检验所见及检验结果。检验所见，是指司法会计鉴定人在检验中看到的与鉴定结论相关的检材所记录的内容。检验结果，是指司法会计鉴定人对检材内容进行验证的结果。

6. 鉴定结论的论证。鉴定结论的论证，是指司法会计鉴定人利用鉴定标准、检验所见及检验结果，通过逻辑分析推导出鉴定结论的内容和过程。

7. 鉴定结论。鉴定结论，是指司法会计鉴定人在鉴定书中所表达的对鉴定事项的结论性意见。

8. 司法会计鉴定人所在鉴定机构名称及业务专用章。在鉴定书中写明司法会计鉴定人所在鉴定机构的名称并加盖业务专用章，以便证明司法会计鉴定人的身份。

9. 司法会计鉴定人签名。司法会计鉴定人应当亲自在鉴定书中签名，以示对鉴定结论负责，同时也可以防止他人以其名义出具鉴定书。

10. 文书制作日期。文书制作日期，是指司法会计鉴定人完成鉴定书制作并签名的日期

11. 附件情况。附件情况，是指在鉴定书存在附件的情况下对附件名称的表述。

（二）司法会计鉴定文书的参考格式

所谓司法会计鉴定书的格式，是指司法会计鉴定书的形式要件的排列方式。司法会计鉴定文书的格式，通常分为一般格式、分论式格式和总论式格式等。不同类型的鉴定文书均可以采用相应的格式进行表达。这里仅以司法会计鉴定书为例，说明不同格式司法会计鉴定文书的结构。

1. 一般格式。

司法会计鉴定书

×××〔20××〕第×号

（绪言）

……

一、检验

……

二、论证

……

三、鉴定结论

……

××（鉴定机构）

司法会计师：×××（签名）

二〇××年×月×日

附件：

在同一案件中，如果存在不同鉴定原理的多个鉴定事项，每一鉴定事项都应当单独采用一份鉴定书表达鉴定结论。这是因为如果采用检验、论证、鉴定结论的正文表达方式，由于鉴定原理不同，其论证的内容和思路不同，因而将同一案件中的多个不同鉴定原理的鉴定事项采用同一份鉴定结论表达，不利于使用者审查鉴定结论；同时，在同一案件中不同鉴定原理的不同鉴定事项可能涉及不同的鉴定目的，如果每一鉴定事项单独采用一份鉴定书表达，会方便法庭出示、质证。

2. 分论式格式。

司法会计鉴定书

×××［20××］第×号

（绪言）

……

（一）

一、检验

……

二、论证

……

三、鉴定结论（一）

……

（二）

一、检验

　　……

　　二、论证

　　……

　　三、鉴定结论（二）

　　……

　　（三）

　　一、综合论证

　　二、鉴定结论

　　（结论一）

　　……

　　（结论二）

　　……

　　（综合结论）

　　……

　　　　　××（鉴定机构）

司法会计师：×××（签名）

二○××年×月×日

　　附件：

　　分论式格式的正文部分是由两个或两个以上的分论部分加综合鉴定结论部分组成。这种格式实际上是将两份或两份以上的一般格式的鉴定书合并，而省略了首部、绪言及尾部的重复表述。分论式格式适用于对同一案件需要解决多个具有一定关联的财务会计问题鉴定事项的表述。例如，确认某账户中存在的不同会计错误的鉴定事项，会涉及确认不同会计错误的鉴定事项，但这些鉴定事项可能与确认某账户余额正确性的鉴定事项存在关联，因而采用分论式格式可以在表达确认不同财务会计错误的鉴定结论的同时表达综合鉴定结论（即确认账户余额正确性的鉴定结论）。

3. 总论式格式。

司法会计鉴定书

×××〔20××〕第×号

（绪言）

……

一、相关鉴定结论

×××（20××）第×号司法会计鉴定书所列鉴定结论：……

×××（20××）第×号司法会计鉴定书所列鉴定结论：……

……

二、补充检验

……

三、论证

……

四、鉴定结论

……

××市人民检察院××（鉴定机构）

司法会计师：×××（签名）

二〇××年×月×日

附件：

　　在同一案件中有多项类型相似的鉴定事项，需要分别出具鉴定书，但这些鉴定事项都涉及一个总的鉴定事项。这种情况下，如果采用分论式格式可能存在诸多不便，如鉴定书过长，不便使用者阅读；相关鉴定结论被用于证明不同的案件事实，也不便在法庭上出示和质证，这就需要在多份鉴定结论的基础上，汇总表达总的鉴定事项的鉴定结论，这便是总论式格式。总论式格式，通常先引用相关鉴定结论，作为事实依据的"相关鉴定结论"，同时还要表述总的鉴定结论特殊的检验事项，并与"相关鉴定结论"共同构成总的鉴定结论的事实依据部分，然后根据鉴定原理对总的鉴定结论进行"论证"推断。

　　（三）司法会计鉴定文书格式的区别与应用

　　司法会计鉴定文书的一般格式与分论式格式主要区别在于正文部分的结构

不同。

一般格式的司法会计鉴定文书正文部分由检验、论证和鉴定结论三部分组成。这种格式通常只适用于对只有一个鉴定事项的鉴定事项的表述。

分论式格式的司法会计鉴定文书正文部分由两个或两个以上的分论部分加综合结论部分组成。这种格式适用于对同一案件需要解决多个财务会计问题鉴定事项的表述。

总论格式的司法会计鉴定文书是在同一案件中有多项类型相似的鉴定事项，并需要分别出具鉴定文书，但这些鉴定事项都涉及一个总的鉴定事项时所适用的一种鉴定文书。这种总论式的鉴定文书与一般格式不同的是，检验部分包括其他鉴定文书的鉴定结论和其他鉴定所未能包含的检验事项。

参考案例 5 – 9

某国有集团公司下属企业进行改制过程中，向改制企业发放了安置补偿金、工伤补助。下属企业留守组安置组组长王某，利用职务之便，将其中部分补偿金存入个人银行卡，用于个人炒股。案发时尚未将该部分补偿金发放给职工或发回上级集团公司。王某将赃款陆续用于证券投资，并发生投资损失。为了查明赃款取向，县检察院聘请某司法会计鉴定所注册会计师进行司法会计鉴定。

本项鉴定中，由于送检方仅提供了王某证券交易所用资金账户资料，因而在设定鉴定事项时，将投资损益问题鉴定限定在为王某的资金账户反映的证券投资业务范围内。

司法会计鉴定书

×会鉴［20××］第×号

根据××省××县人民检察院×检反贪聘［20×］3 号《聘请书》，我们对国营××厂留守组安置组组长王×涉嫌挪用公款一案涉及的财务会计问题进行司法会计鉴定。

鉴定事项：确认××证券有限公司××营业部×××5776"王×"账户《股票明细对账单》列示的 20××年 8 月 13 日 ~ 20××年 5 月 10 日证券投资业务所形成的投资损益总额。

20××年 6 月 28 日 ~ 7 月 1 日，在××县人民检察院反贪局办公室，对××证券有限公司××券营业部×××6736 王×账户《股票明细对账单》（以下简称王×账户对账单）复印件进行了检验。该复印件记录业务期间为 20××年 8 月 ~ 20××年 5 月。

一、检验

1. 检验王×账户对账单证实，该户于 20××年 8 月 13 日开户，当日存入保证金并托管转入三种证券。至 20×× 年 5 月 10 日前的最后交易日期为 20×× 年 5 月 5 日，账户余额为 61 855.70 元。期间，存入保证金 311 840 元，提取保证金 148 405 元（详见附件一）。

2. 王×账户对账单记录 20×× 年 8 月 13 日托管转入证券情况如下：

（1）582（北海新力）800 股，于 8 月 17 日卖出，净收入 11 917.94 元；

（2）682（ST 东方）800 股，后于 8 月 14 日买入 1 000 股，8 月 28 日卖出 1 800 股，净收入 19 472.85 元；

（3）昌河股份（600372）500 股，于 8 月 15 日卖出，净收入 7 180.24 元。

3. 根据王×账户对账单 20×× 年 5 月 10 日以前的交易记录计算（剔除第 2 项检验结果所列托管转入证券的卖出净收入），卖出证券净收入额合计为 7 912 681.12 元，买入证券成本额合计为 8 043 184.93 元（详见附件二）。

4. 根据王×账户对账单 20×× 年 5 月 10 日前记录计算：保证金利息收入合计为 1 364.82 元，利息税支出合计为 195.11 元（详见附件三）。

5. 王×账户对账单显示：20×× 年 1 月 14 日证券公司给该账户补记"三方存管现金"收入 2.53 元；同时记录"三方存管现金"0.51 元。

二、论证

本项鉴定按照利润法确定证券投资损益。即：

投资损益 = 证券交易收益额 + 利息 − 利息税 + 其他收入 − 其他支出

其中：根据第 3 项检验结果，证券交易损益额为卖出证券净收入额合计与买入证券成本额合计的差额，即：7 912 681.12 元 − 8 043 184.93 元 = −130 503.81 元。

上述证券交易损益额中不含托管转入证券的卖出净收入和买入成本。第 2−（2）项检验结果涉及的 20×× 年 8 月 28 日卖出 682（ST 东方）1 800 股中含 8 月 14 日买入 1 000 股，按照加权平均法计算其计入卖出净收入额合计。即：

卖出 1 000 股净收入 = 19 472.85 元 /（800 股 + 1 000 股）×1 000 股 = 10 818.25 元

根据上述鉴定原理及第 2～5 项检验结果，王×账户对账单列示的 20×× 年 8 月 13 日～20×× 年 5 月 10 日前证券投资业务所形成的投资损益总额为投资损失 51 397.19 元，即：

证券交易损益额 −130 503.81 元

加：利息收额 1 364.82 元

减：利息税支出额 195.11 元

加：其他收入额 2.53 元

减：其他支出额 0.51 元

投资损益额： -129 332.08 元。

三、鉴定结论

根据对送检的证券交易账户资料检验、分析结果确认：

××证券有限公司××营业部×××5776王×账户《股票明细对账单》列示的20××年8月13日~20××年5月10日期间证券投资业务所形成的投资损益总额为投资损失129 332.08元。

××司法会计鉴定所

中国注册会计师：×××（签名）

中国注册会计师：×××（签名）

二〇××年七月五日

附件一：××证券有限公司×××5776王×账户存、取款汇总表

附件二：××证券有限公司×××5776王×账户证券交易损益明细表

附件三：××证券有限公司×××5776王×账户利息、利息税汇总表

思考题

1. 司法会计鉴定目的与鉴定事项的关系如何？

2. 司法会计鉴定的含义及特征是什么？

3. 将司法会计鉴定证据划分为基本证据和参考证据的意义体现在哪些方面？

4. 组织司法会计鉴定，需要做的工作主要包括哪些？

5. 司法会计鉴定有哪些方法与技巧？

6. 司法会计鉴定程序包括哪几个阶段？

7. 什么是质证？司法会计鉴定人参与质证需要做哪些工作？

8. 简述司法会计鉴定意见的含义及种类。

第六章　司法会计文证审查

本章教学目标：
　　本章教学的重点和目的，是使学生能够掌握涉及财务会计业务证据的一般审查要点，并能够组织专家对此类证据进行技术性审查。

 第一节　司法会计文证审查概述

一、司法会计文证审查的含义

司法会计文证审查一词，有广义和狭义两种理解。

广义的司法会计文证审查，泛指诉讼主体对案件中反映的财务会计业务内容的文书证据材料，例如财务会计资料证据、各种报告文书以及其他涉及财务会计业务内容的书面的言词证据等，进行审查判断的诉讼活动。

狭义的司法会计文证审查，专指司法会计师对案件中含有财务会计业务内容的书面证据材料进行的技术性审查，是司法会计师实施的一种司法会计技术协助活动。[1]

二、司法会计文证审查的对象

司法会计文证审查的对象，是指诉讼中反映财务会计业务内容的文书证据材料，包括结论性证据和非结论性证据两类。

所谓结论性证据，是指含有结论性意见内容的文书证据材料，主要包括司法会计鉴定文书、司法会计检验报告、审计报告、验资报告、查账报告、资产评估报告等。

所谓非结论性证据，是指除结论性证据以外的其他文书证据材料，主要包括财务会计资料证据、《勘验、检查笔录》以及案件中相关当事人的陈述、证人证言等。

---

〔1〕　本章所探讨的司法会计文证审查问题，仅指狭义上的司法会计文证审查。

三、司法会计文证审查与司法会计鉴定的区别

司法会计文证审查与司法会计鉴定毕竟是司法会计师执行的两种不同性质的业务，为了避免出现混同、错位现象，有必要在理论上厘清两者的差异。

（一）性质不同

文证审查业务属于证据审查活动，其任务是审查判断诉讼证据；而鉴定业务则属于司法鉴定活动，其任务是鉴别判定相关财务会计问题。

（二）方式不同

在文证审查业务中，司法会计师仅对提请审查的证据材料进行审查，便可作出审查意见；而在鉴定业务中，司法会计师则必须对案件涉及的财务会计资料及相关证据进行检验后，才能作出鉴定意见。

（三）主体责任不同

司法会计师在文证审查中仅就诉讼涉及的证据进行审查，其审查结果仅供诉讼主体参考，因而司法会计师通常不存在诉讼责任问题；而在鉴定业务中，司法会计师针对案件涉及的财务会计问题作出鉴定意见，这种鉴定意见必须符合法定要求，司法会计师需对其所作出的鉴定意见承担相应的法律责任。

（四）结果意义不同

文证审查业务意见是司法会计师针对案件中已提取和固定的证据的状况及证明意义提出的审查意见，其结论事项针对的是诉讼证据，因而这种结论事项通常不具备法定证据的意义；而鉴定业务意见则是针对诉讼涉及的财务会计问题作出的结论性意见，其结论事项的内容构成法定证据。

第二节　司法会计文证审查的程序

一、结论性证据的审查步骤

1. 阅读审查结论，明确结论的内容，确定审查的重点。

2. 阅读文证所述有关结论的事实依据，并通过阅读相关的附件、财务会计资料证据的内容，审查结论的事实依据是否存在和充分。

3. 阅读文证中的分析论证意见，并审查结论所引用的技术标准是否适当，分析论证依据是否符合逻辑。

4. 综合审查结果，提出审查意见。

二、非结论性证据的审查步骤

1. 阅读案卷中的立案文书、案件调查终结报告、起诉书、判决书等司法结论文书中有关财务会计事实的记述，明确需要证据证明的财务会计事实内容，确定审查的具体方法。

2. 根据确定的审查方法，逐一审查财务会计资料证据等文证。

3. 综合审查结果，提出审查意见。

三、司法会计文证审查意见书

（一）司法会计文证审查意见书的概念

司法会计文证审查意见书，是指司法会计师参与司法会计文证审查后制作的，主要载明审查情况及审查意见的文书。

1. 司法会计文证审查意见书的性质。司法会计文证审查意见书属于诉讼证据审查文书，即该文书本身所记述的内容是司法会计师针对诉讼证据的审查情况和审查意见。司法会计师应当认清文证审查意见书的这一性质，以避免与鉴定文书、检验文书等司法会计文书相混淆。

参考案例 6 - 1

某民事案件中被告人认为鉴定确认的搬迁补偿费金额 17.2 万元严重失实，不服法院依此作出的判决，向检察机关申请抗诉。检察机关委托某司法会计中心对原鉴定意见进行审查，出具的《文证审查意见书》认定搬迁补偿费应在 2 万元以内。

参考案例 6 - 1 中，文证审查意见书本应对审查结论性证据中发现的问题进行评价，涉案搬迁费用是多少的问题应当通过司法会计检验或鉴定确认，文证审查意见书不应当涉及对该问题的判断。

参考案例 6 - 2

在某区人民法院受理被审计公司诉会计师事务所出具虚假《审计报告》的案件中，法院委托某司法鉴定中心对被审计公司的"初创时期有无原始投入、是谁投入、有多少数额"等问题进行司法会计鉴定。该司法鉴定中心却出具了《司法鉴定文证审查意见书》，并确认"被审计公司初创时有原始投入，系法定代表人××投入，其金额为人民币 4.8 万元"。

参考案例 6 - 2 中，法院提出了有关企业接受投资问题的鉴定事项，司法会计鉴定人通过鉴定也作出了鉴定意见，应当出具司法鉴定文书表达其鉴定意见。

司法会计文证审查意见书与检验文书的不同之处在于，其内容仅针对诉讼证据。而检验文书仅表达检验结果，并不评价诉讼证据。因此，司法会计文证审查意见书中不应当出现对检材进行检验情况的表述，其审查意见中也不应当包含对检验结果的表述。

2. 司法会计文证审查意见书的诉讼价值。国内外诉讼法律均允许司法会计师出庭协助当事人质证，而质证的前提则是审查诉讼证据，司法会计师对诉讼证据的认识显然会作为法官自由心证的一项参考依据，这使得司法会计文证审查意见具备了一定的诉讼证据功能。当然，文证审查意见书的诉讼证据属性并不完全符合法定证据标准的要求，因而应当作为证据采信时的参考证据使用。事实上，对法官而言，司法会计文证审查意见书只是给其提供了一种认识证据的科学方法或途径，如果这种方法被法官认为是科学的，法官即可以利用其来评价相关诉讼证据的可采性。

（二）司法会计文证审查意见书的格式

司法会计文证审查意见书，一般由首部、绪言、正文和尾部四部分组成。

首部部分，主要载明文证审查意见书的名称及文号。如："司法会计文证审查意见书"及"高检技审字［2004］第9号"等。

绪言部分，主要载明文证审查的目的及审查活动的概况等。

正文部分，主要载明文证审查及审查结论的形成过程等，一般由审查情况、审查结论两部分组成。

尾部部分，主要载明审查人所在机构的名称、审查人的技术职务和姓名、文书制作日期等内容。

司法会计文证审查意见书

×检技审字［20××］第×号

（绪言）

一、审查情况

……

二、审查意见

……

×××人民检察院司法鉴定中心

司法会计师：×××（签名）

二○××年×月×日

（三）司法会计文书审查意见书的制作要点

司法会计文书审查意见书的制作要点，主要涉及绪言、审查情况和审查意见三个部分。

1. 绪言部分的制作要点。司法会计文书审查意见书的绪言部分应当说明送审方、送审时间、案由以及审查事项。其中，审查事项应当具体写明审查的对象及要求。

涉及结论性证据的审查事项，通常应当写明出具结论性证据所在机构的名称、证据标题、文书编号以及需要对其科学性、可靠性进行审查的具体要求。

涉及非结论性证据的审查事项，通常应当写明需要采用财务会计资料证据等非结论性证据证明的案情以及对结论性证据的完整性、客观性、关联性等进行审查的具体要求。案情需要具体表述的，可以单独表述需证事项——需要证明的案情的具体情况。

2. 主文部分的制作要点。司法会计文证审查意见书的主文部分包括审查情况和审查意见。司法会计师根据具体审查结果和习惯，可以分开表述这两部分内容，也可以一并表述。

表述审查情况时，对结论性证据进行的审查通常需要写明对结论事项依据、结论事项内容的审查情况；对非结论性证据的审查通常需要写明对需要证明的案情、审查所见的证据状况。

表述审查意见时，结论性证据的审查意见应当写明对结论事项科学性、可靠性的评价意见；非结论性证据审查意见应当写明对证据的完整性、相符性的评价意见。

参考案例 6 - 3

××公安局立案调查××公司涉及 2.8 万名受害人的非法经营案件，并聘请注册会计师对该公司涉案经营收入额问题进行鉴定，以便将鉴定意见作为认定非法收入额的证据。注册会计师出具了《司法会计鉴定报告》，认定经营收入 3.83 亿元。公诉机关以非法经营罪并涉及 3.83 亿元非法收入将案件起诉到法院。

法院开庭后，辩护律师出示了由某会计师事务所出具的《专项审计报告》，该报告确认涉案公司经营收入为 2.40 亿元。辩护律师认为，《专项审计报告》是根据审计准则形成的，而目前司法会计鉴定并没有准则，因而《司法会计鉴定报告》是在没有鉴定标准的情况下形成的，本案认定该公司经营数额应当以《专项审计报告》为准。法官要求公诉人提供证据，确认差额形成原因，法庭休庭。公诉人将上述报告退回公安机关补充证据，公安机关拟找本案司法会计鉴定人，并提出新的看法，但因鉴定人正在做开颅手术无法进行解释。由于该案需要继续开庭，公诉方指派司法会计师协助解决问题，

司法会计师建议通过对《专项审计报告》进行文证审查确定其是否存在问题，公诉方接受建议并办理了文证审查审批手续。司法会计师通过审查发现结论

中经营收入额系原封不动地照搬了××公司的会计报表所列项目数字，且案卷有大量证据证明该公司对营业收入的核算存在多记、少记等会计核算错误，进而确认审计人员没有进行必要的实质性测试，提出了该项审计活动违背审计准则规定的原则，审计结论不科学、不可靠的审查意见。

公诉方将《司法会计文证审查意见书》提交了法庭。庭审中辩护律师指出公诉方提供的《司法会计文证审查意见书》系公诉方的审查意见，不具备公正性。检察官反驳道，《司法会计文证审查意见书》系专家意见，公诉人认可这一专家意见，因而直接提交法庭。

法院作出的判决文书中不仅采信了公诉方提交的《司法会计鉴定报告》，还专门列出了《司法会计文证审查意见书》的审查意见作为根据。

以下是本案的《司法会计文证审查意见书》：

司法会计文证审查意见书

×文审 [20××] 第×号

根据××市人民检察院刑二 [20××] ×号《文证审查委托书》，检察员张××送来×××等人涉嫌非法经营案件卷宗资料，要求对案卷中××会计师事务所20××年×月×日出具的××审字 [20××] 第×号《专项审计报告》中认定××有限责任公司经营收入的审计结论的科学性、可靠性进行技术审查。

一、审查情况

××会计师事务所20××年×月×日出具的××审字 [20××] 第×号《专项审计报告》，反映该所对××有限责任公司财务收支情况进行的审计。该报告第三项反映审计涉及会计期间的经营情况：累计经营收入为 340 678 612 元。其中：2000 年为 145 883 455 元，2001 年为 33 194 478 元，2002 年为 161 600 679 元。

经审查发现：上列有关××有限责任公司经营收入金额与送审材料中的该公司 2001 年、2002 年经营收入、退货明细账记载的账户余额相同，这表明该项审计结果的依据系该公司会计核算结果。该《专项审计报告》中没有说明对××有限责任公司经营收入会计核算结果进行实质性测试（或抽查）情况。送审卷宗第二卷第 36 ~ 121 页显示，××有限责任公司有关营业收入的会计核算中存在着若干具体的多记、少记等会计核算错误，因而进一步证实《专项审计报告》的制作人没有对该公司经营收入业务进行必要的实质性测试。

根据审计准则，在没有实施必要的实质性测试的情况下，不应当出具无保留意见的审计结论，而送审的××审字 [20××] 第×号《专项审计报告》所列审计结论是在没有对营业收入进行必要的实质性测试的情况下出具的无保留意见的审计结论，违背了谨慎性审计原则。

二、审查意见

××会计师事务所20××年×月×日出具的××审字〔20××〕第×号《专项审计报告》中有关经营收入的审计结论，是在违背审计原则的情况下出具的审计意见，该项审计结果不科学、不可靠。

××市人民检察院司法鉴定中心

司法会计师：×××（签名）

二○××年×月×日

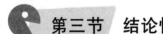

第三节　结论性证据的审查要点

一、结论性证据审查的一般内容

结论性证据的审查内容，一般包括：

（一）材料是否完整，内容是否全面

主要是审查送审的结论性证据材料是否连贯，所列附件是否齐全。

（二）有关检查、验证的方法、步骤是否科学、合理

主要是审查材料所表述的检查、验证方法是否符合有关的技术操作规范以及文证所述的检查、验证步骤是否有利于规范地作出技术性结论。

（三）结论的依据是否充分、适当

主要是审查材料所列示的检查验证事项是否完备，检查验证的结果是否有证据依据，所利用的判定技术标准是否适当，标准的应用是否科学。

（四）结论是否科学、可靠

主要是结合上述审查结果，审查有关结论事项的内容是否成立、表述是否恰当。

二、司法会计鉴定意见的审查

评断司法会计鉴定意见的目的有两点：一是判断司法会计鉴定意见是否具备鉴定意见的属性，以便确定能否作为证据使用；二是判明司法会计鉴定意见的证明力，以便确定如何使用这一鉴定意见来证明案件事实。

司法会计鉴定意见的评断，通常是通过审查司法会计鉴定文书进行的。评断

的方式主要有两种：一种是由承办本案的案件调查、起诉或审判人员进行评断；另一种则是指派或聘请鉴定意见制作人以外的司法会计技术人员协助进行评断。另外，由于法庭质证的需要，案件当事人、辩护人、代理人等也需要对司法会计鉴定意见进行审查判断。

（一）司法会计鉴定意见的一般审查要点与方法

1. 审查司法会计鉴定意见的依据是否充足和真实合法，以判断鉴定意见的依据是否真实可靠。

（1）审查鉴定文书论证部分的每一具体的鉴别分析意见，是否都有充足的论据作为鉴别分析的依据。

（2）审查据以作出司法会计鉴定意见的检材来源是否合法，相关的证据材料是否是依照法定程序收集的。对较为关键的证据材料，应当逐一通过查阅案卷进行对照审查。

（3）审查据以推断鉴定意见所依据的司法会计技术标准的具体出处和适用范围，从而判明这些技术标准是否存在以及运用的是否恰当。

2. 审查得出司法会计鉴定意见所采用的分析论证方法是否恰当，判断鉴定意见的推导过程是否科学。

（1）注意审查所运用的司法会计鉴定方法是否恰当。

（2）注意审查鉴定文书的论证过程是否符合逻辑，有无违反逻辑规律或推理不当的错误。司法会计鉴定文书中常见的逻辑错误主要有：概念混淆、自相矛盾、推不出、循环论证等。

3. 审查司法会计鉴定意见的内容是否符合诉讼要求，以判断鉴定意见的证据意义。

（1）注意审查司法会计鉴定意见的含义是否明确。即审查鉴定意见肯定或否定的某一财务会计事实的表述是否清晰明确。

（2）注意审查司法会计鉴定意见是否回答了提请鉴定的财务会计问题。特别是在多项鉴定事项的情形中，应当注意有无遗漏应当结论的事项内容。

4. 审查司法会计鉴定意见与其他证据之间有无矛盾，以及限定性结论中的附加判定条件的含义，以判断鉴定意见的可靠性及其证明力。

（二）司法会计鉴定意见的特殊审查要点与方法

对已经作为诉讼证据材料的司法会计鉴定意见，除按照一般要点进行审查外，还应当进行以下四个方面的审查：

1. 审查司法会计鉴定的受理程序是否合法。包括：审查司法会计鉴定人是否具备进行鉴定的技术资格；审查指派或聘请司法会计鉴定人的手续是否完备；

审查是否存在司法会计鉴定人应当回避的情形。

2. 审查司法会计鉴定的过程是否合法。主要是考察司法会计鉴定人的诉讼权利的使用情况和诉讼义务的履行情况。

3. 审查司法会计鉴定意见的内容有无超出司法会计鉴定的范围，即是否确认了不应由司法会计鉴定人解决的法律问题或其他专门性问题。

4. 审查司法会计鉴定意见的应用是否合法和恰当。例如，刑事诉讼中的司法会计鉴定意见有否告知被告人，以及是否存在需要进行补充鉴定或重新鉴定的情形。

参考案例 6 - 4

被告人李×，某商业中心主管会计、出纳员，在单位集资活动中涉嫌职务侵占。侦查机关聘请注册会计师进行了审计，××会计师事务所出具了审计报告：

1. 截至 2006 年 3 月 31 日，××市商业中心 2002 年 6 月 30 日的集资款入账金额为 215 500 元。

2. 截至 2006 年 3 月 31 日，××市商业中心 2002 年 6 月 30 日的集资款已偿还金额为 436 300 元。另有无法确定集资时间的已偿还集资款 21 100 元未计入上述已偿还金额中。

3. 截至 2006 年 3 月 31 日，××市某商业中心 2002 年 6 月 30 日的集资款已偿还：李×本金 93 500 元、利息 37 246.03 元；魏×本金 41 400 元、利息 17 449.95元；蔡×本金 66 000 元、利息 28 965.39 元；策×本金 56 000 元、利息 22 163.22 元。

4. 在偿还 2002 年 6 月 30 日的集资款时，因领导只批准部分偿还，故账务处理是先全部付清本金及前段利息，再开具收据部分收回作为新集资。如此循环延续，截至 2006 年 3 月 31 日，李×等四人集资的最后余额为：李×25 000 元、魏×21 900 元、蔡×11 500 元、策×12 500 元。循环延续过程中新支付的利息分别为：李×18 323 元、魏×9 392.07 元、蔡×18 281 元、策×12 030.50 元。

5. 我们计算出了××市商业中心 2002 年 7 月第一本会计凭证中银行存款及现金的发生额，其中：①银行存款发生额为增加 222 219.86 元；②现金发生额为增加 226 803.13 元，共计增加银行存款及现金 449 022.99 元。

上述审计结果显示商业中心归还集资款的支付额大大超过了集资款的入账金额，其差额部分可能是由几种情形造成的：一是个人涉嫌隐匿了部分集资收入，这可能构成贪污或挪用的嫌疑账项；二是商业中心隐匿了部分集资收入，挪作他用；三是原集资额没有这么多，犯罪嫌疑人伪造了部分集资凭证，骗取了商业中心的款项。侦查机关认定犯罪嫌疑人李×在担任××市商业中心主管会计、现金出纳员期间，利用职务之便，采取虚开集资单据等手段，侵吞公款299 799. 01元据为己有。案发后，赃款全部追回。

该案侦查终结后，公诉机关以李×涉嫌职务侵占罪提起公诉。一审法院以职务侵占罪判处李×5年有期徒刑。李×上诉，二审法院裁定发回重审。

一审法院重审后判决无罪，检察机关拟提出抗诉，指派司法会计师就下列涉案财务会计问题进行了鉴定：

1. ××市某商业中心2003年总账是否是原始账？2002年度资金平衡表与2003年总账数据是否一致？

2. 在账证短缺情况下，原审计结论是否真实？

3. ××市某商业中心2002年6月30日的集资总额是多少？

4. 李×、魏×、蔡×、策×在2002年6月30日共集资多少？至案发提取多少？

5. 李×等四人是否虚报集资？虚报多少？账上有无凭证？

司法会计师出具了下列鉴定意见：

1. 某商业中心2003年总账内容真实、数字准确，是原始账。该账是商业中心合法真实的会计账簿，是编制财务报告的合法依据。2002年度资金平衡表与2003年总账数据一致。

2. 在企业账目短缺的情况下，××会审字［×××］第×号审计报告内容真实可靠，计算方法正确，求得的数字准确。

（1）截至2006年3月31日，××市商业中心2002年6月30日集资额为215 500元的审计结论正确可靠。

（2）截至2006年3月31日，××市某商业中心2002年6月30日的集资付出金额436 300元，说明了虚假集资220 800元的事实存在。

（3）截至2006年3月31日，××市某商业中心2002年6月30日李×等四人集资共计256 900元，已取得利息105 410. 76元的书证确凿。其中李×本金93 500元、利息37 446. 03元，魏×本金41 400元、利息16 836. 12元，蔡×本金66 000元、利息28 965. 39元，策×本金56 000元，利息22 163. 22元。

（4）截至2006年3月31日××市某商业中心2002年6月30日李×等四人集资已支付本金186 000元（256 900 - 70 900），其中李×应结余25 000元、魏×21 900元、蔡×11 500元，策×12 500元，原审计结论正确。所发生的循环利息为63 945. 60元的财务事实确已发生。其中李×23 636. 20元、魏×1 000. 59元、蔡×18 272元、策×12 031. 50元。

（5）截至2006年3月30日，××市某商业中心2002年6月30日李×等四人集资已支付利息合计为 355 356.36 元。其中：四人本金合计 186 000 元，利息合计 105 410.76 元；循环利息 63 945.60 元，利息合计 169 356.36 元。

3. ××市商业中心职工集资 215 500 元，虚假集资 220 800 元的财务事实存在。

（1）××市商业中心 2002 年 6 月 30 日的集资总额为 215 500 元，是真实准确的；

（2）某商业中心集资多出的 220 800 元是虚假的，也是没有财务事实根据的。

4. 截至 2006 年 3 月 31 日，李×等四人共提出集资款为 186 000 元，内含四人的真实集资 36 100 元。

5. 李×等四人有虚假集资，虚假额为 220 800 元，从已付出的会计凭证得以证实。

（1）李×等四人实际集资 36 100 元，从 2002 年 3 月 30 日至 2006 年 3 月 30 日，提取应付利息是 24 082.85 元；

（2）李×等四人实际提取集资本金和利息合计 60 182.85 元；

（3）李×等四人利用虚假集资手段共冒领本息 295 173.51 元。

公诉机关根据上述鉴定意见向二审法院提出抗诉。二审法院在法庭调查中，聘请外地司法会计师对鉴定文书进行了审查。审查结果发现该鉴定文书存在严重问题：一是所谓的鉴定结论的内容包括了鉴定结论、检验结果和审计报告审查意见三类结论；二是部分结论含义不清；三是部分结论缺乏事实依据；四是部分结论缺乏科学性和可靠性。司法会计师最终提出的审查意见是：×技鉴会字［20××］第×号《司法会计鉴定书》所列示结论事项缺乏科学性和可靠性。

二审法院根据上述文证审查意见，决定不采信司法会计鉴定意见，维持了一审判决李×无罪的原判。

司法会计师出具的《司法会计文证审查意见书》如下：

司法会计文证审查意见书

×文审［20××］第×号

根据××市人民法院刑二审［20××］5 号《聘请书》，受该院聘请，对×技鉴会字［20××］第×号《司法会计鉴定书》所列鉴定结论的科学性、可靠性进行技术性审查。

20××年×月×日，××市人民法院审判员×××送来李×职务侵占一案卷宗，包括×技鉴会字［20××］第×号《司法会计鉴定书》。

一、审查情况及具体审查意见

×技鉴会字［20××］第×号《司法会计鉴定书》共列示 5 部分多项鉴定结论，以下结合对各项鉴定结论进行审查的情况，提出具体审查意见。

（一）对"某商业中心 2003 年总账内容真实、数字准确，是原始账。该账是商业中心合法真实的会计账簿，是编制财务报告的合法依据"结论（见鉴定书第 3 页）的审查意见：

1. 账簿是会计处理会计事项的书面记录。账簿记载内容的真实性是指该内容正确反映了会计事项。从账务鉴定原理讲，总账记账内容真实性的确认，需要取得：①记账凭证真实正确地反映了原始凭证的内容；②会计凭证汇总表（与科目汇总表意义相同）真实正确地反映了记账凭证的内容；③总账发生额真实正确地反映了会计凭证汇总表的记载内容等项检验结果，方可作出结论。审查该鉴定书第一项检验结果（见鉴定书第 2 页）未发现判断总账内容真实性所需的第①、②项检验结果，因而该项确认"2003 年总账内容真实"的结论，不符合该鉴定事项的司法会计鉴定原理。同时，鉴定人所收检材中缺少 2003 年 3 月的一本记账凭证（见鉴定书第 1 页），通常会导致会计凭证汇总表的缺少，因而，鉴定书第 2 页中"经逐笔检验 2003 年会计凭证汇总表所反映的经济内客，与总账登记相符"的检验结果缺乏真实性。

2. 该结论事项主要以 2003 年度总账期初数与 2002 年度资金平衡表数据相符性的检验结果为依据，即"说明 2003 年总账内容真实、数字准确""该账是商业中心合法真实的会计账簿，是编制财务报告的合法依据"，除缺少前述必要的检验结果作依据外，即使认定 2003 年度总账期初数真实性，也需要取得对 2002 年度的资金平衡表真实性的验证结果作依据。但该鉴定书中未表述这一验证过程和结果，其结论显然缺乏必要的依据。

3. 原始账簿是与重新登记的账簿相对应的概念，因而账簿是否系原始账簿，需要通过笔迹、书写时间等文件检验鉴定结果及口供、证言等言词证据来确认——这应当是诉讼主体通过自由心证才能确认的事实。据此，"账簿是否是原始账"不属于司法会计鉴定的范围。上述有关"某商业中心 2003 年总账是原始账"的结论事项不科学，已超出司法会计鉴定的范围。另外，会计实务中会因各种不同原因重新登记账簿，因而账簿记录是否为原始记录，与其内容是否真实、准确无关，所以该结论事项中将"总账内容真实、数字准确"作为判定原始账的鉴定原理也缺乏科学性。

（二）对某商业中心"2002 年度资金平衡表与 2003 年总账数据一致"结论（见鉴定书第 4 页）的审查意见：

总账账户余额与资金平衡表的项目数据之间存在着钩稽关系，因而通过检验 2002 年度资金平衡表、2003 年总账数据，可以判明只是 2002 年资金平衡表项目数字与 2003 年总账期初余额两者之间的相符性。这里存在两处表述错误：一是 2002 年度资金平衡表与 2003 年总账的期初余额通常不会完全一致（该鉴定书所附资料也证明了两者的数字不一致），因为根据会计常识，两者之间的关系属于钩稽关系而非同一关系；二是 2003 年总账数据的含义很广，除期初余额外，还包括了发生额、期中余额和期末余额，而 2002 年资金平衡表则不反映 2003 年总账的发生额、期中余额和期末余额。因此，这一结论事项违背了会计常识，不符合实际（起码属于表述不当）。

（三）对"在企业账目短缺的情况下，××会审字〔×××〕第×号审计报告真实"结论（见鉴定书第 16 页）的审查意见：

首先，该结论事项中确认"审计报告真实"过于笼统，含义不明确。"审计报告真实"的结论，是指审计报告本身真实存在，还是指审计报告表述内容真实，或是指审计结论的内容真实？从本案提请鉴定目的看，这里应当是指审计结论内容真实。

其次，审计结论内容的真实性问题，涉及审计手续、审计原理和审计结论等诸多方面，但从该鉴定书表述的其他鉴定事项看，鉴定结论与审计结论确认的相同事项的数据存在着差异（见鉴定书 16 页及审计报告第 2 页），在鉴定人认定的事实内容与审计报告认定的事实内容不同的情况下，仍然认定"审计报告真实"，显然与事实不符。

（四）对"截至 2006 年 3 月 31 日，××市商业中心 2002 年 6 月 30 日集资额为 215 500 元的审计结论正确可靠"结论（见鉴定书第 16 页）的审查意见：

该结论事项与第 3 部分第（1）项鉴定结论重复，这里一并表述审查意见。

首先，原审计结论认定的是"集资款入账金额"215 500 元（见 116 号审计报告第 2 页），而上述鉴定结论则表述为"集资额"215 500 元。集资款入账金额与集资款金额是两个不同的概念："集资款入账金额"是指对集资事项的会计处理情况，属于会计事实；而"集资额"是指集资事项的数额，属于财务事实。因此，这一审计结论认定的是会计事实，而鉴定结论所肯定的是财务事实，该项鉴定结论显然存在明显的概念错误。在司法会计鉴定中，会计事实与财务事实的认定根据是不同的：会计记账事实，是依据对会计资料（主要指记账凭证、账簿和会计报表）的检验结果认定；而财务事实，则主要依据财务资料（本项鉴定中主要指集资凭证）作出。由于该鉴定结论所依据的检验结果中未表述对财务资料的检验结果，因而推不出有关"集资额审计结论正确可靠"的结论。

其次，本项审计结论及鉴定结论在确认××市商业中心 2002 年 6 月 30 日"集资款入账金额"问题时，需要通过检验相关会计记录排除可能发生的记账错误（如错记账户等）和账务计算错误所可能导致的会计报表中"个人借款"项目数据错误。但是，由于本案中缺乏 2002 年总账、日记账和一本会计凭证，无论审计人员还是鉴定人都未能对商业中心 2002 年的相关会计资料进行检验，其集资入账金额的判断缺乏基本依据，因而鉴定人仅依据对 2002 年的会计报表项目数据检验结果就肯定审计结论正确可靠，其结论本身缺乏科学性和可靠性。

（五）关于认定"虚假集资额 220 800 元的事实存在"结论的审查意见：

首先需要指出的是，该鉴定书的结论事项中多次对"虚假集资额 220 800 元的事实存在"进行了重复结论，包括：①第 2 部分中的第 2 项结论事项认定"截至 2006 年 3 月 31 日，××市某商业中心 2002 年 6 月 30 日的集资付出金额 436 300 元，说明了虚假集资 220 800 元的事实存在"（见鉴定书第 16 页）；②第 3 部分结论事项认定"××市商业中心职工集资 215 500 元，虚假集资 220 800 元的财务事实存在"（见鉴定书第 19 页）；③第 5 部分结论事项认定"李×等四人有虚假集资，虚假额为 220 800 元，从已付出的会计凭证得以证实"（见鉴定书第 22 页）。这里一并对这三项鉴定结论提出审查意见。

1. 集资活动属于财务活动，司法会计鉴定人确认集资活动是否发生的依据应当是集资凭证，而所谓虚假集资，应当是指能够用虚假集资凭证或其他虚假集资证据证明的财务事实。但是，集资凭证的真实性问题以及其他能够证明集资虚假性的证据通常应当由诉讼主体（或审计人员）调查证实，并通过自由心证确认，因而这里确认是否存在虚假集资活动的问题已经超出了司法会计鉴定的范围。

2. 本案中商业中心归还集资人集资的依据是该中心出具的集资凭证，这应当证明集资业务的存在，因而利用归还集资额与集资入账额的差额来证明存在虚假资金的鉴定原理不科学。鉴定书中虽然没有对确认虚假集资额事项的鉴定原理作出说明，但从其表述顺序看，显然是以前项结论事项为基础推断而成，其原理是：该商业中心集资的记账金额为 215 500 元，而归还集资的账面金额为 436 300 元，从而证明虚假集资 220 800 元。但是，前述结论事项中认定只有部分集资凭证所列集资业务进行了账务处理，而归还集资款项 436 300 元，只能说明有集资 220 800 元的集资事项未进行账务处理这一会计事实，但无法说明存在虚假集资 220 800 元的事实。

3. 这里所谓"李×等四人有虚假集资，虚假额为 220 800 元，从已支付的会计凭证得以证实"的推断存在逻辑错误，"支付的会计凭证"只是证实了商业中心支付了 436 900 元集资款，并未证实"虚假（集资）额为 220 800 元"，这一结果其实是鉴定人根据商业中心集资收入的记账金额 215 500 元与支付集资款项 436 900 元差额推测而成，会计凭证的内容并不能证实虚假集资额 220 800 元的存在。

（六）对"截至 2006 年 3 月 31 日，××市某商业中心 2002 年 6 月 30 日李×等四人集资共计 256 900 元，已取得利息 105 410.76 元的书证确凿"结论（见鉴定书第 16 页）的审查意见：

该项结论属于检验结果，即直接反映了鉴定人对李×等集资情况及收取利息情况的检验结果。与前述认定虚假集资额的结论联系起来看，存在的问题是：这里认定了四人 256 900 元集资款，已经超过了前述结论事项认定集资款为 215 500 元，因而前述以认定集资款 215 500 元为基础确认的"虚假集资额"220 800 元结论事项与该项检验结果存在矛盾。

（七）对"截至 2006 年 3 月 31 日××市某商业中心 2002 年 6 月 30 日李×等四人集资已支付本金 186 000 元（256 900 - 70 900），其中李×应结余 25 000 元，魏× 21 900 元，蔡× 11 500 元，策× 12 500 元，原审计结论正确"结论（见鉴定书第 16 页）的审查意见：

从司法会计鉴定原理角度讲，商业中心已经支付李×等四人集资款 186 000 元应当以该中心的支付凭证为依据，但鉴定人采用的方法是利用李×等四人交付集资总额 256 900 元减去账面结存额 70 900 元计算得出，这一做法的错误之处在于：没有在确认该中心账户余额正确性的前提下，便假定账面余额正确倒挤计算出已支付集资款的金额。这种做法本身显然不可靠，因而也就不应当作出"原审计结论正确"的审查意见。

（八）对"截至 2006 年 3 月 30 日××市某商业中心 2002 年 6 月 30 日李×等四人集资已支付本息合计为 355 356.36 元。其中：四人本金合计 186 000 元，利息合计 105 410.76 元；循环利息 63 945.60 元，利息合计 169 356.36 元"结论（见鉴定书第 16 页）的审查意见：

该结论事项仅涉及检验事项，未涉及鉴定事项，因而不属于鉴定结论。

由于鉴定书中未列示该项检验结果具体依据，因而无法审查其检验结果的可靠性。

（九）对"在企业账目短缺的情况下，××会审字［×××］第×号审计报告内容真实可靠，计算方法正确，求得的数字准确"结论（见鉴定书第 19 页）的审查意见：

首先，本项结论事项所表述的是对审计报告的审查意见，而非鉴定结论。

其次，根据前述审查结果，审计报告的数据与鉴定结论所列数据存在差异，显然不能得出"审计报告真实可靠，计算方法正确，求得的数字准确"的审查意见。

（十）对"某商业中心 2002 年 6 月 30 日的集资总额为 215 500 元，是真实准确的"结论（见鉴定书第 22 页）的审查意见：

1. 该项结论是对前述第 2 部分第 1 项结论的重复，但这里的论证依据出现了问题：鉴定书第 18、19 页列示"通过以上计算出的 2002 年第一本 1 ~ 36 号凭证的银行存款发生额为 222 219.66 元，说明了某商业中心 2002 年 6 月 30 日的全部职工集资 215 500 元，是在这本凭证中反映"。首先，这里的 222 219.66 元银行发生额的表述与审计结论中认定 2002 年第一本 1 ~ 36 号凭证列示银行存款账户的净增加额 222 219.66 元存在矛盾，净增加额与"发生额"从会计学专业上不是相同的概念；其次，即使是发生额，也只能说明银行存款金额大于集资金额，鉴定人并没有提出认定这些银行存款发生额包含集资额的鉴定证据，即无论是增加额还是发生额，与"全部职工集资 215 500 元"是否"在这本凭证中反映"并不存在着逻辑上的推断关系，也无法"说明"集资额"是在这本凭证中反映"。换句话说，以银行存款的增加额大于集资额为由说明集资额的存在只能是一种推测，而司法会计鉴定人不应当根据推测的结果出具鉴定意见，这是司法会计鉴定的常识。

2. 鉴定书第 19 页列示"通过上述计算出的 2002 年 7 月第一本凭证现金发生额为 226 803.13 元，经核实记录很详细，全部是商业中心的当月销货款，与职工集资毫无关系"。首先，审计报告反映 226 803.13 元是现金增加额，而不是这里所表述的"发生额"。其次，由于鉴定书缺列了有关销货款的检验所见，因而没有依据相应的证据来证明现金增加额是否"与职工集资无关"。

（十一）对"截至 2006 年 3 月 31 日，李 × 等四人共提出集资款为 186 000 元，内含四人的真实集资 36 100 元"结论（见鉴定书第 23 页）的审查意见：

首先，鉴定书第 23 页第二段所述全体职工集资金额不一致，分别为 215 500 元和 179 400 元，并将差额确认为李 × 等四人的实际集资额。其原意可能是要说明全体集资额是 215 500 元，除李 × 等四人外其他职工的集资合计为 179 400 元。

其次，李 × 等四人的实际集资额，应当根据集资凭证直接判断，如果有鉴定证据确认孙 × 等四人的集资凭证不真实，那么，也不能将集资差额确认系李 × 等四人的实际集资额（因为这一差额不一定是李 × 等人的集资额，也可能是其他人的集资额）。所以，上述认定李 × 等四人"真实集资 36 100 元"的结论缺乏集资凭证作依据。

最后，鉴定书第 23 页显示鉴定人采用了两种方法计算出李×等四人的实际集资额一致。司法会计鉴定中所谓两种计算方法，是指两种不同的鉴定原理。但这里所述的两种计算方法实际采用了同一种计算原理，即都是以鉴定人推算的实际集资总额 215 500 元和虚假集资额 220 800 元为基础的计算。

（十二）对"李×等四人实际集资 36 100 元，从 2002 年 3 月 30 日至 2006 年 3 月 30 日，提取应付利息是 24 082.85 元"结论（见鉴定书第 27 页）的审查意见：

鉴定人在计算 36 100 元集资利息时采用的鉴定原理是：①以鉴定人认定的虚假集资额及所获利息总额为基础，采用加权平均法计算所得利息为 23 798.20 元；②假定 36 100 元的到期日为 2006 年 3 月 30 日，计算全期所得利息为 24 367.50 元；③采用算术平均法，将上述两计算结果平均，确认 36 100 元实际所获利息 24 082.85 元。但是，这些鉴定原理的采用，需要有商业中心 2006 年 3 月 30 日偿还李×等四人集资款事实作为结论的依据。由于鉴定书中未表述这一事实依据，因而无法评价其鉴定的科学性。

（十三）对"李×等四人利用虚假集资手段共冒领本息 295 173.51 元"结论（见鉴定书第 27 页）的审查意见：

该结论事项是鉴定人在前述各项结论基础上，针对"李×等四人是否虚报集资？虚报多少？账上有无凭证？"的鉴定事项提出的结论性意见。但是，送检方提出的这一鉴定事项并不妥当，司法会计鉴定人也不应当回答这一问题。首先，认定虚报集资的一个焦点问题是李×等四人所持 2002 年 6 月 30 日的集资凭证是否真实，而集资凭证真实性的确认，按照财务会计资料证据的识别分工原则应当由侦查人员承担，除符合特殊条件的情形外，司法会计鉴定人无权识别；其次，虚报集资是指出资人没有交付集资款项而在报账时却报告交付了集资款项的行为，但是，鉴定书所反映的却是出资人有交付集资的凭证，但受资人无接受集资的账目记录——这种情形可能与隐匿集资款有关，与所谓虚假集资无关。

二、综合审查意见

根据上述审查结果，提出以下基本审查意见：

（一）×技鉴会字［20××］第×号《司法会计鉴定书》所列示的结论事项，包括了鉴定结论、检验结果和审计报告审查意见三种情形，并非都是鉴定结论。

（二）×技鉴会字［20××］第×号《司法会计鉴定书》所列示的部分结论事项含义不清。如，认定×× ［20××］第×号审计报告真实；认定某商业中心职工集资 215 500 元，虚假集资 220 800 元的财务事实存在；认定某商业中心集资多出的 220 800 元是虚假的，也是没有财务事实根据的；等等。

（三）×技鉴会字［20××］第×号《司法会计鉴定书》所列示的部分结论事项缺乏事实依据。如，认定某商业中心 2002 年 6 月 30 日集资额为 215 500 元；认定截至 2006 年 3 月 31 日，李×等四人共提出集资款为 186 000 元，内含四人的真实集资 36 100 元；等等。

（四）×技鉴会字［20××］第×号《司法会计鉴定书》所列示的部分结论事项缺乏科学性和可靠性。如，认定某商业中心 2003 年总账是原始账；认定李×等四人有虚假集资，虚假额为 220 800 元，从已付出的会计凭证得以证实；认定李×等四人实际集资 36 100 元，从 2002 年 3 月 30 日至 2006 年 3 月 30 日，提取应付利息是 24 082.85 元；认定李×等四人利用虚假集资手段共冒领本息 295 173.51 元。

综上，×技鉴会字［20××］第×号《司法会计鉴定书》所列示结论事项缺乏科学性和可靠性。

×× 市人民检察院司法鉴定中心

司法会计师：×××（签名）

二〇××年×月×日

 第四节 非结论性证据的审查要点

一、非结论性证据审查的一般内容

（一）审查证据材料的技术结构是否完整，取证是否全面

主要是从财务会计资料的技术结构角度审查财务会计资料证据是否齐全，证明案件中某一财务会计事实所需的财务会计资料证据是否全部收集入卷。

（二）审查表达财务会计事实的证据之间有无矛盾

主要是审查证明同一财务会计事实的证据之间，在时间、地点、数量、单价、金额等方面的记录是否一致。

（三）审查财务会计资料证据与已认定的财务会计事实是否相符

主要是审查财务会计资料证据所记述的财务会计事实与有关司法结论所记述的相关财务会计事实之间有无差异或矛盾。

（四）审查非结论性证据内容有无明显错误

主要是审查财务会计资料证据中的有关数据计算结果是否正确。

二、非结论性证据的审查方法

常用非结论性证据审查方法主要是审阅法，即通过阅读证据材料进行审查活动。

对证据材料较多且涉及财务会计业务较为复杂的情形，可以采用证据目录法、制图法、证据列示法、核对法等。

（一）证据目录法

证据目录法，是指根据案卷中证据的排列顺序，制作证据目录，以方便查找证实某一财务会计事实的证据材料的一种文证审查方法。

制作证据目录，是通过填制证据目录表进行的，可以采用 Excel 电子表格编制证据目录。证据目录表包括以下填列项目：

1. 页码，即证据材料所在的案卷页码。

2. 证据提供者。

3. 证据名称，即证据材料的简称。

4. 证据内容，即证据所列事项。

5. 业务时间，即证据所列业务时间。

6. 备注，主要用于标记审查标志或记录审查发现的问题。

制作目录法，主要适用于案情复杂、已提取的证据较多、装卷较乱等不便于审查证据的技术结构和取证情况的情形。

采用制作证据目录法时，应当注意以下几点：一是要按照卷中证据出现的顺序填列，防止遗漏。二是制作证据目录的同时一般不审查证据内容，以防止出现填列错误，贻误审查。三是在对证据目录进行重新排序时，通常复制后再行排序，防止打乱原始记录顺序。

（二）制图法

制图法，是指根据案卷中的司法结论或证据所表明的财务会计过程，通过图形来确定应当收集的证据内容或发现证据矛盾的一种文证审查方法。

制图法按照制图依据不同，有不同的审查作用：

1. 根据案卷中的司法结论对财务会计事实的记述制图，可以清晰地反映出案件涉及的资金流向或资金转化过程，可以按每次资金转换为线索，逐一审查各资金转换过程的证据是否完备。

2. 根据案卷中的具体财务会计资料证据所反映的财务会计事实制图，可以总括地反映出各财务会计资料证据所反映的财务会计事实的全貌。一方面，可以利用该图审查司法结论中所记述的财务会计事实与证据所反映的财务会计事实是否一致；另一方面，还可以通过观察图形的衔接情况，审查有无遗漏应当收集的证据或证据之间有无矛盾。

制图法主要适用于案件资金流向比较复杂，不易总括地把握各个具体事实关联关系的情形。

（三）证据列示法

证据列示法，是指根据案卷中司法结论对财务会计事实各具体情节的记述，按照一般的财务会计原理，列示出证明各具体情节所需要的证据，通过阅卷，逐项地审查证据的一种文证审查方法。

采用证据列示法时，首先根据案卷中的司法结论将案件事实的具体情节逐一列示出来。然后根据案发单位的财务会计制度或一般会计原则，按事实情节分别列示出证明各事实情节所需的证据，最后通过阅卷审查案卷中的证据，达到文证审查的目的。

采用证据列示法审查非结论性证据时，应当注意对已审查过的证据作出标记或记录。一方面，可以通过对已审查证据的分析，确认尚应补充收集的证据名称和内容；另一方面，可以通过分析尚未审查的证据内容，确认有无遗漏应当认定的案件事实或重要情节。

证据列示法适用于对案卷中所列的财务会计资料证据较多，但司法结论中对财务会计事实的记述比较具体的文证审查。

（四）核对法

核对法，是指通过核对案卷中有同一或勾稽关系的财务会计资料证据，审查证据有无矛盾及是否完备的一种文证审查方法。

采用核对法的具体操作方法，可参照采用司法会计检查方法中的核对技巧具体实施。

参考案例 6 – 5

司法会计文证审查意见书

×文审［20××］第×号

根据×检侦监审［20××］×号《委托文证审查书》，本院侦查监督处。××于20××年12月26日送来××市公安局侦查的××金属加工有限公司逃税案件的案卷1本，要求对卷中财务会计资料证据的完备性进行技术性审查。

一、审查情况

（一）××市公安局×公刑捕字［20××］×号《提请批准逮捕书》认定案件事实：

2006年8月~2007年2月，犯罪嫌疑人为偷逃税款，在××公司与金江强实业有限公司（下称××央公司）没有真实贸易的情况下，通过××冶炼厂厂长××购买了伪造的××海关签发的 16 份进口增值税专用缴款书（××央公司开给××公司，价值 2000 余万元），在××市国税局合计申报抵扣税款 3 155 897.43 元。其中：2006 年应补交增值税 1 649 145.31 元，2007 年应补交增值税 1 506 752.12 元，经调查，××公司在 2006 年度在××市国税局已交国税 196 333.44 元，在××市地税局已突地税 22 307.47 元，××公司在 2006 年年度逃税款占应纳税款的比例为 88.3%（1 649 145.31/1 649 145.31 + 218 640.91元）。

（二）关于××金属加工有限公司证据审查（接装卷顺序）：

1. ××市国家税务局××稽处［20××］×号《税务处理决定书》，认定××金属加工有限公司 2006 年 8 月~2007 年 2 月共取得××海关签发的进口增税专用缴款书 16 份，合计申报抵扣税款 3 155 897.43 元。经协查，上述 16 份海关进口增值税专用缴款书无入库信息，属于伪造的海关完税凭证。处理决定：上述 16 份海关完税凭证其进项税款不予抵扣，××金属加工有限公司应补交增值税 3 155 897.43 元。

上述文书中未说明申报抵扣证据。

2. ××市国家税务局××稽罚［20××］××号《税务行政处罚决定书》，认定××金属加工有限公司从 2006 年 8 月至 2007 年 2 月共取得××海关签发的进口增值税专用缴款书 16 份，全部进行了申报抵扣，合计申报抵扣税款 3 155 897.43 元。处罚决定：决定对××金属加工有限公司处因偷税而少缴的税款 3 155 897.43 元 1 倍的罚款，计 3 155 897.43 元。

上述文书中未说明申报抵扣证据。

3. 卷中无正式税务稽查报告。

4. 《××金属加工有限公司增值税销项明细表》。该表未说明来源、制作单位、无合计额，无法证明销项税总额及其实性。

5. ××金属加工有限公司记账凭证 7 份，均列示借记"应交税金——应交增值税（进项）"及抵扣金额，反映该 7 份凭证所附 16 份海关完税凭证 3 155 897.43 元已作抵扣业务进行了会计处理。

6. 卷中无××金属加工有限公司"应交税金——应交增值税"明细账页，无法证实前述记账凭证所列抵扣业务是否记账。

7. 卷中无××金属加工有限公司 2006~2007 年增值税纳税申报资料。

二、审查意见

通过审查发现，本案认定通过虚假票据抵扣逃税额的书证中缺少证明。××金属加工有限公司 2006 年应纳税额的证据包括：

1. ××金属加工有限公司 2006 年销售业务的书证（如发票、销售收入明细账簿等），用于证明其应纳销项税基础。

2. ××金属加工有限公司 2006 年"应交税费——应交增值税"明细账页，证明其所做抵扣增值税业务已经记账。

3. ××金属加工有限公司 2006 年增值税纳税申报资料，证明其申报增值税时已将虚开的《进口增值税专用缴款书》所列进项税额抵扣。

另外，为了查明××金属加工有限公司 2006 年逃税数额及占应纳税额的比例，建议就××金属加工有限公司 2006 年应纳增值税额、未纳增值税额以及未纳增值税额占应纳增值税额的比例问题进行司法会计鉴定。

××市人民检察院司法鉴定中心
司法会计师：×××（签名）
二〇××年×月×日

 思考题

1. 简述结论性证据审查的一般内容。
2. 简述结论性证据审查的步骤。
3. 简述非结论性证据审查的一般内容。
4. 试述非结论性证据审查的步骤。